EDUCAÇÃO

EDUARDO SÁ
Psicólogo
Professor da Universidade de Coimbra e do ISPA (Lisboa)

Textos com

EDUCAÇÃO

Reimpressão da Edição de Novembro/2007

Prefácio do
Prof. *Doutor* Manuel Patrício

ALMEDINA

EDUCAÇÃO

AUTOR
EDUARDO SÁ

REVISÃO
SOFIA SÁ

EDITOR
EDIÇÕES ALMEDINA, SA
Avenida Fernão Magalhães, n.º 584, 5.º Andar
3000-174 Coimbra
Tel: 239 851 904
Fax: 239 851 901
www.almedina.net
editora@almedina.net

PRÉ-IMPRESSÃO • IMPRESSÃO • ACABAMENTO
G.C. GRÁFICA DE COIMBRA, LDA.
Palheira – Assafarge
3001-453 Coimbra
producao@graficadecoimbra.pt

Janeiro, 2008

DEPÓSITO LEGAL
266047/07

Os dados e as opiniões inseridos na presente publicação
são da exclusiva responsabilidade do(s) seu(s) autor(es).

Toda a reprodução desta obra, por fotocópia ou outro qualquer processo,
sem prévia autorização escrita do Editor,
é ilícita e passível de procedimento judicial contra o infractor.

Este livro resulta de muitos textos sobre educação que venho escrevendo há mais de vinte anos. Quase todos foram estando dispersos por diversos livros. Ao fim deste tempo, decidi agrupá-los nesta colectânea, porque me pareceu que ganhavam – dessa forma – uma vida própria. Aos textos já publicados acrescentei alguns outros, inéditos (para além de duas entrevistas). Um tão grande intervalo de tempo introduz muitas diferenças: nas ideias, nos formatos dos textos e no tipo de escrita. Ainda assim, suponho que a convivência de uns com os outros ganhou sentido para mim e trouxe-me o enorme frenesi de imaginar como será o segundo volume desta colectânea. Daqui a, pelo menos, vinte anos.

Mas o meu entusiasmo com este livro não se esgota no modo como juntei e acarinhei estes textos. Tem as fotografias (fantásticas) do Augusto Brazio e traz consigo a enorme honra de poder contar com o prefácio do Prof. Doutor Manuel Patrício – um sábio e um homem bom – por quem tenho uma enorme admiração e com quem partilho os cuidados que só dedicamos aos mestres. Associá-lo a um livro (para, mais, sobre educação) dá-me uma alegria muito, muito grande.

EDUARDO SÁ

(*Vilamoura, Agosto de 2007*)

PREFÁCIO

1. Prefácio ou prefação? No fundo, tanto faz. Prefação significa o acto de falar antecipadamente; o que se diz antes. Prefácio significa o discurso preliminar no princípio de uma obra, para explicar o seu motivo ou justificar os processos que vão ser utilizados; é introdução, é preâmbulo. O acto de falar antecipadamente também pode ser, e é normalmente, o acto de escrever antecipadamente, de dizer antes do autor do livro. Por isso tanto faz prefácio como prefação. De qualquer modo, não irei explicar ou justificar nada. Apenas falar antes do que me aprouver, dizer o que vier ao bico da pena.

2. Dizer o quê? Esta é a dificuldade. Porque o autor é que decidiu dizer. Neste caso, foi dizendo ao longo dos anos, em contextos diversos e circunstâncias variadas, e decidiu finalmente reunir os dizeres em livro, pô-los em conjunto sobre a mesa, e convidar-nos a sentarmo-nos agora à volta dela para os vermos, ouvirmos e pensarmos. Diz o autor que se trata de uma colectânea. A primeira. Tema: Educação.

3. O autor é um homem especial. É um psicólogo profissional, mas sê-lo-ia sempre mesmo que não fosse essa a sua profissão. Está dentro dele. Gosta de se olhar por dentro, de se inteligir, de se *intus--legere* (como ele próprio lembra) e de induzir os outros a fazer o mesmo. Mas não apenas para que todos realizem a mesma operação, no fundo autista, de contemplar cada qual o seu umbigo. Ele sabe, e mostra saber, que o umbigo de cada qual é a figura singular, única, que o umbigo da humanidade concretiza em cada um. A humanidade nasce em cada um com um rosto único. E irrepetível. A humanidade multiplica-se infinitamente nos homens, nos seres humanos, nas pessoas humanas. Inteligir a humanidade na radical unicidade de cada um, inteligir cada um na essência universal da humanidade – eis o desígnio e o gosto do psicólogo Eduardo Sá, do psicólogo que mora na pessoa de Eduardo Sá.

4. Eduardo Sá é um académico, também. É um académico praticante, porque exerce as suas funções na Universidade e alguns dos textos deste livro têm na Universidade a sua origem. É, além disso e eu diria que por sobre isso, um académico que pratica. Não faz o discurso mais ou menos neutro do cientista – psicólogo, no caso –, faz assumidamente o discurso empenhado do irmão humano, do pedagogo, do cidadão, do parceiro humanista, do parceiro ... *personalista*.

5. Conhecemos-lhe, da presença física, a figura amigável e modesta, a voz suave e doce, o olhar acolhedor e afectuoso. A sua voz é música ..., envolvente e apelativa. Como um óleo de som, de melodia e ritmo, entranha-se na nossa alma. Como um eflúvio, fluido subtil, caminha delicadamente até à nossa intimidade. É um ciciar próximo do silêncio, que procura o quase-nada do dizer para alcançar o quase-tudo do escutar e ... ouvir ... e ... entender. Estabelece um como que diálogo de intimidades, fonte e ponte de absorção, de ser, de ser para ser, de pessoa a ser para pessoa a ser. Porque é o ser que lhe importa, que lhe interessa (de *inter-esse*). Não o ter. A sua voz soa apenas com o intuito de na nossa intimidade chegar a ressoar. Ficar a ressoar. A sua voz quer fascinar. Porque Eduardo Sá vê-se que acha que o ser fascina, que ser fascina. Todo o seu empenho ao dirigir-se a nós é para que cada um de nós seja. Seja o ser único que é. Seja a pessoa única que é. E seja com o outro: *com-seja*.

6. Esta postura é a que constitui o cerne do seu discurso sobre a educação. Santo Agostinho disse assim: *Ama e faz o que quiseres.* Eduardo Sá é como se dissesse: *Sê e faz o que quiseres.* Notemos, todavia, que o ser de que fala é como que irmão siamês do amar de que fala Santo Agostinho. No fundo do fundo ontológico do ser humano brilha como violeta luminosa o amor. O ser humano é ontologicamente amável. Se o homem for fiel à sua verdade será infalivelmente fiel à sua amabilidade.

7. O cerne de cada homem é a sua verdade. Ora a verdade de um homem, a verdade nuclear e íntima de um homem, é a verdade da humanidade plasmada no rosto único que ele é. É a humanidade, não pode deixar de ser a essência do homem, que assoma ao olhar

de cada homem. E que vê ele desse olhar? Vê-se a si multiplicado em outros, multiplicado nos outros. Vê um mundo imenso – para utilizar a magnífica expressão de François Villon – de *irmãos humanos*. Assim, parece evidente que o segredo da educação está na autenticidade. Seja cada qual quem é e o resto nos virá por acréscimo.

8. Eis porque vejo em Eduardo Sá um optimista. Um optimista intrínseco. Não pode deixar de o ser. Ao contrário do poeta clássico, que via a geração dos nossos pais pior que a dos nossos avós e a nossa geração pior que a dos nossos pais, ele vê o contrário, vê a humanidade e a evolução humana a subir, a ascender, a avançar para melhor.

9. Mas vamos ao livro. Que livro é este? É um livro de ciência? É um livro de técnica(s)? É um livro de literatura? De filosofia? De psicologia? De pedagogia? De ciências da educação? De sabedoria? De sabedoria! Quando digo sabedoria quero dizer *sageza*, *phrónesis* (conceito dos gregos antigos), *prudentia* (termo dos romanos da maturidade). Eu diria mais, ousarei dizer, que é um livro de meditação. Aconselho-te, leitor, a lê-lo como um livro de meditação. Não o leias de fio a pavio, de uma ponta à outra, senão da primeira vez. Lê-o depois, sempre que tiveres necessidade de entrar no espaço íntimo de ti, e do teu "irmão humano", do "irmão humano" especial que é a criança, lá onde podes olhar a realidade face a face, sobretudo a realidade do ser humano, principalissimamente a realidade da construção intencional do ser humano que é a educação, *devagarosamente* como aconselha Herberto Helder que se deve viver, e aprender, e amar, e ser, e com-ser. Lê-o ao acaso da necessidade, pois abri-lo-ás sempre onde necessitas, e medita-o, e medita. Eduardo Sá é um meditador. Por sobre isso, Eduardo Sá é um meditagogo. Conduz à meditação. Leva a meditar. O que é mais importante do que acertar em tudo o que nos diz.

10. Ora tudo o que há dá que pensar. A vida dá que pensar. E quão pouco e quão mal a pensamos! ... A educação dá que pensar. Mas quem a pensa?! ... Eduardo Sá propõe-nos que a pensemos. E que a pensemos como só a meditação permite pensar o fundo das coisas. Com radicalidade. Porque o fundo das coisas é o sítio da raiz. E a raiz é a mãe de todos os sítios.

11. Todas as insuficiências, todas as deficiências, todos os extravios, todos os erros da nossa relação com a criança e o jovem defluem, como água poluída, como água suja, como água fétida e patogénica, da falta de pensamento. Não exactamente da falta de ciência, ou de défices de técnica e consequente acção interventiva, mas da falta daquele elemento que só ele guia o ser humano para si próprio: a luz do pensamento, a luz do pensamento ságico, o fulgor da meditação.

12. És tu, leitor, quem vai meditar. Lê, pois, este livro uma primeira vez da primeira à última letra, para saberes em que país estás, e passa depois a visitá-lo nos seus inúmeros espaços de silêncio iluminativo, sem pensares no tempo da leitura, para morares nele ao ritmo cordial da compreensão que em ti se vá entranhando, *devagarosamente* como ensina Herberto Helder. Passa depois a meditá-lo, prega por prega, recesso por recesso, porque em todos os pontos encontrarás que pensar e ver. Verás o rosto radioso da criança, que é a aparição inesgotável do ser humano, acabadinho de chegar da eternidade à eternidade do tempo da vida para cumprir o seu destino de pessoa – um destino misterioso, empolgante, e uma riqueza imensa de possibilidades –.

Deixa-a ser. Ajuda-a a ser. Sê com ela. Porque ... o que és tu senão essa criança, essa eterna criança eternamente acabadinha de chegar à eterna aventura da vida? Não te limites a deixá-la ser. Sê com ela. Sê ela, que ela serás tu. E aí teremos o mundo a ser governado pelas crianças. A criança imperador do mundo, da visão que nos deixou Agostinho da Silva. A criança governador do mundo, da visão que nos quer deixar este livro.

MANUEL FERREIRA PATRÍCIO

PREÂMBULO

Um escutador

Na verdade, não sou bem um... educador. Oiço histórias e mais histórias, todos os dias. Arejo-as, com cuidado, e limpo o pó mais entranhado de algumas letras, antes de as afagar e lhes dar brilho. Às vezes, escovo sonhos, segredos e mistérios. E tento que apanhem algum ar ou sol, quanto baste. O que eu gostava mesmo era de ser um «brincador». Mas, talvez não merecesse tamanha graça. Ou, mais simplesmente, não seja, ainda, capaz de uma responsabilidade tão séria e apurada. E então, sem dar por isso, tenho reparado que talvez me tenha transformado num... escutador.

É cansativo ser um... escutador. E é vertiginoso e comovente. Às vezes, assustador e divertido. E – se uma história dá voltas e voltas na cabeça – chega a ser tumultuoso e terno. Tudo ao mesmo tempo.

O mal é que nunca ninguém nos ensina a ser um escutador. E pior, ainda, não nasce connosco. Um escutador não ouve com os ouvidos: «escuta com o coração». E se, às vezes, em muitas histórias, o coração faz de promontório, também baralha e entontece. Pressinto que nunca se chega a ser um bom escutador. Simplesmente, porque a vaidade enche de ruídos o escutar.

Nos dias de maior desalento de escutador, chego a sentir que a cabeça das pessoas se parece com um sótão esconso e frio, uma dispensa sem luz ou uma arrecadação, desarrumada. As pessoas guardam o que não presta e o que não é preciso. E, como têm tão poucas relações que as tirem do lugar, nunca transformam em lixo o que recolhem e resguardam (à espera de que, um dia, tudo se torne precioso). Deve ser o pó – nas histórias e nos sonhos, nos segredos e nos mistérios – que faz com que o coração de muitas pessoas se pareça com uma repartição: abre e fecha com o trabalho. Encerra nas férias e ao fim de semana, à noite ou enquanto se dorme. Entretanto, à medida que crescem, as pessoas que só abrem o coração para o trabalho acreditam em ideias que cultivam como se todas as histórias tivessem algodão doce ou fadas. O trabalho que dá espantar essas ideias! E dizer-lhes, por exemplo, que é mentira que uma gravidez seja um momento feliz e interessante. Que não é verdade que os bebés, quando nascem, sejam fofos ou bonitos. Que a infância não é tão cor-de-rosa como dizem. Ou que os filhos não são o topo de gama do amor...

Eu acho que as crianças não vivem no céu: são as pessoas que andam nas nuvens. Mas, admito, pode ser um vício de leitura de escutador. Como deve ser vício achar que escolher é multiplicar e dividir, ao mesmo tempo. E que gostar de todos é não distinguir quem nos quer daqueles que nos desgostam.

Na verdade, talvez eu não saiba definir com minúcia, no perímetro das palavras, o que será um escutador. Muito menos o que eu hei-de ser, um dia, quando for capaz de responsabilidades mais sérias ou apuradas e me tornar um «brincador». Mas acho que sei dizer o que não é um escutador...

Não ser escutador é ter um coração e não escutar. É como ter asas e pedir desculpa por voar... Na verdade, falta sempre um bocadinho para ser um escutador.

Capítulo 1

TERRA DO SEMPRE

O melhor do mundo não são as crianças !...

1

Há algum tempo, o Manel, de cinco anos, dirigiu-se à mãe e pediu-lhe uma bolacha. A mãe, mais ou menos contrariada, deu-lha mas avisou-o que não ia ceder de novo. É claro que se o Manel percebesse a mãe longe da cozinha, faria aquilo que todas as crianças sensatas sabem fazer: comia, discretamente, todas as bolachas e, como quem se esquece, deixava o pacote – imperturbável – no armário das bolachas. Mas não. A mãe estava por ali, e o Manel "encheuse" de charme. Envolveu-a com o olhar mais sedutor de que era capaz quando, sem tremer a voz, lhe pediu: "só mais uma!!!". A mãe, com solenidade, disse que não, que já estavam muito perto do jantar. O Manel ficou quase chocado ("como era possível?..."). Prometeu que seria a última mas, alguns minutos mais tarde, apareceu outra vez. A mãe imaginou o pior e, com engenho, antecipou-se, perguntando: "Queres outra bolacha, não é, Manel?..." O Manel reagiu, e cândido, disse: "Eu?... Não!... Quero contar-te uma história". A mãe suspirou, aliviada. E o Manel começou:

> «Era uma vez um menino que queria uma bolacha; e a mãe deu-lha. Depois, o menino pediu outra bolacha à mãe... e ela deu. Aí ele quis outra bolacha... mas a mãe disse que não... E sabes o que é que o menino *dizeu* à mãe ?... Estúpida !!!...»

2

Há muitos adultos que se resguardam na ideia de que "o melhor do mundo são as crianças". E falam delas como se elogiassem a sua ingenuidade (mas, ao mesmo tempo, nunca mais pudessem ter –

como elas – uma relação intensa com a vida). Há pessoas para quem o melhor do mundo são as crianças porque, sentindo-se mal amadas, lhes resta a saudade de, ao menos em crianças, terem sido o melhor do mundo para alguém.

3

Mas não há uma idade adequada para se ser o melhor do mundo para alguém. Como não há uma idade acertada para perguntar "porquê", depois da qual a curiosidade nos transforme, a todos, em "produtos fora do prazo".

É bom ser (por dentro) criança para sempre. Ter a "vista na ponta dos dedos", ver os "intestinos" das coisas, e perguntar "porquê".

É bom aprender com prazer e a brincar. Aprender as ciências como aprender com as qualidades humanas (mesmo as mais misteriosas). E brincar com os conhecimentos (mesmo com aqueles que, aparentemente, parecem mais aborrecidos).

É bom crescer com os pés na Terra... e com a cabeça na Lua, com projectos e com sonhos, sensíveis e sensatos. Mas crianças... para sempre.

4

Os pais não são uma enciclopédia nem os professores estão proibidos de se "engasgarem". A escola, sejam quais forem os graus de ensino, pode ser um "jardim de infância", onde se brinque com os amigos e com os professores na procura dos porquês.

Mas há muitos momentos em que os pais se insurgem, rabugentos, contra os seus filhos, dizendo que eles têm tudo para serem felizes, não percebendo o que lhes falta... Faltam-lhes pais!

Os pais são – muitas, muitas vezes – crianças doentes, mal amadas e doídas da sua infância, que desconfiam dos outros porque talvez nunca ninguém os tenha ajudado a compreender que desconfiar de alguém é presumir que não se está à altura do amor que se recebe.

Os pais parecem ter sido crianças em relação a quem os seus pais foram perguntando: "Porque é que estás triste?...", sem que entendessem que uma pergunta assim representa uma forma de eles lhe dizerem, por outras palavras: "Embora imagines que te conheça, não percebo a tua tristeza; percebo que estás triste, mas diminuo-me tanto que só posso imaginar que tenha de existir um motivo, para além da tristeza, para que me queiras junto a ti". É por isso que a uma pergunta assim as crianças se fecham, e em lugar de falarem... se assustam.

Os pais são, vezes sem conta, pessoas crescidas, que se lamentam pelas dificuldades de educar. Quando, a propósito dos filhos, os pais dizem 'não sei!' precocemente, é como se dissessem 'nem vale a pena tentar', desistindo dos filhos e desmotivando-os para eles.

Os pais são pais (... em muitos gestos) e filhos (... em inúmeras atitudes que confiam à condescendência das crianças).

Os pais ficam, muitas vezes, mais capazes para serem pais... quando se tornam avós. (Tornam-se mais tranquilos e mais empáticos.) E, talvez por isso, imaginem que o melhor do mundo são as crianças.

5

As memórias da infância não representam uma criança em nós. Como também – por birrenta que seja – não há uma criança dentro dos pais: eles são crianças!

O pensamento das crianças não se faz de inocências ou com deslumbramentos fugazes: torna-se mágico sempre que, à seriedade com que se dão, os pais correspondem com gestos empáticos e, aos medos que as ocupam, se opõem protegendo-as tanto que até parecem tornar-se despreocupadas. A inquietação de quem pensa acerca das crianças não deve, então, supor o crescimento como a reconciliação com a criança que há em nós, mas levar-nos a perceber porque motivo as crianças (convictas do amor dos pais) parecem desencontrar-se deles a ponto de, ao termos saudades da infância, não falarmos das crianças que fomos mas da convicção de, ao menos lá, termos sido o melhor do mundo para alguém.

Os costureiros da luz*

Porque é que as pessoas aceitam o mundo das crianças como a Terra... do Nunca? Se nascemos verdadeiros, porque será precisa a vida toda para voltar a ser assim, mais uma ou outra vez? E se a riqueza interior, sempre que se esgueira, de surpresa, se destaca sobre todas as outras, porque há-de haver uma longa clareira de gestos entre o mundo interior e os sinais interiores de riqueza?

Apesar das verdades que tardam, das clareiras nos gestos e da *Terra do Nunca*, toda a gente é um pássaro, por dentro. Seja gaivota ou colibri, flamingo, cegonha, ou uma garça, toda a gente é elegante (e esguia) no modo como bate as asas e voa, quando sente. Eu sei que as crianças são quem mais se assemelha aos pássaros, quando voam. Porque imaginam. Porque riem. Porque amuam e choram, se enternecem e se tomam de fúrias. Ou se deslumbram. Mas não são grandes as diferenças entre as crianças e os crescidos. Na verdade, talvez quase nada nos separe. A não ser a indulgência das crianças em relação a tudo aquilo em que acreditam. Que as leva ao seu voar. E que faz do seu olhar, por momentos, o céu azul, o mar e o sol ao mesmo tempo.

Mas há, entre as crianças, quem sinta tão mais fundo (de forma tão inocente e tão mais forte) que se torna intrigante a intensidade com que nos trespassam, quando procuram (no seu) o nosso olhar. Na verdade, são crianças – «deficientes» – para quem, em relação a cada sonho, amanhã pode ser, talvez, longe demais. Interpelam, com delicadeza, os nossos gestos. E esperam, ardentemente, que possamos ir além da complacência e da falsidade. Apesar de as sentirmos, como nós, o seu sofrimento parece ser, por vezes, discreto, misterioso. Às vezes, quase distante. São raríssimas naquilo que as distingue. E raríssimas nos gestos que (mais do que nós) acreditam que temos para lhes dar.

---

* Texto escrito para a Associação de Crianças com Doenças Raríssimas

Há, entre as crianças, quem – ao ligar-nos aquilo que sentimos – torna luminosa a indiferença e, esperando gestos de verdade, nos torna... raríssimos. (O seu olhar, interpelante, demonstra que nada resulta quando não há quem creia em nós, nem quando aquilo em que se acredita é pouco mais que quase-nada. E, embora pareça que haja quem seja inteligente, é a sabedoria que nos leva à verdade e aos sinais interiores de riqueza.) Não se importam que sejamos um flamingo ou garça, assim toda a diferença se transforme naquilo que liga e que ilumine. E, sendo assim, ensinam-nos que, apesar das verdades que tardam, das clareiras nos gestos e da *Terra do Nunca*, toda a gente é um pássaro, por dentro, e pode ser o céu azul, o mar e o sol ao mesmo tempo. Assim a indulgência acompanhe aquilo em que se crê. (Na verdade, não são crianças. São costureiros da luz.)

Terra do Sempre

Reconheço que a ideia de um mundo onde a sensibilidade e o encantamento se casam, de forma comovente, me aconchega. Nunca entendi porque é que a essa convivência se chamou *Terra do Nunca*. E porque é que parecia só existir nas redondezas da infância (embora fosse percebendo, com o tempo, que as pessoas perdem o riso, quando crescem, e talvez só ele limpe as nuvens que as separam da magia. E que, ao não conseguirem ser sérias com todas as vidas que há dentro delas, só possam ser sisudas). Aceito que seja um lugar em que cada transformação se dê, unicamente, porque se acredita. E que isso seja uma Terra do... Nunca... para as pessoas cujo coração guarda o mundo de si próprias. (Acho, para mim, que sempre que as pessoas choram para dentro nunca se co-movem: suspiram pela *Terra do Nunca* de que se perderam. E sempre que choram no cinema, nunca precisam de acreditar nos movimentos das coisas extraordinárias que passam por si, porque nunca terão de lá saído.)

Agrada-me que a Terra do Nunca nos chegue com as fadas. Que elas tenham nascido com o primeiro sorriso do primeiro bebé. E que, de sorriso em sorriso, se multipliquem. Mesmo que alguém, nalgum lugar, não acredite nelas e que, com isso, uma fada acabe por morrer. Eu acho que as fadas nascem sempre que um bebé dobra o seu riso. Porque ao dobrá-lo espanta os medos e só assim o coração se abre para o mundo e para si. Mas é, decerto, um pormenor – meticuloso – que talvez não interfira com a vida das fadas (que, como se sabe, são todas as pessoas que sabem mais de nós do que nós próprios).

Apesar das fadas,... *Nunca* lembra-me o inalcansável. E a morte. Parece ser um lugar sem os solavancos com que se constrói o crescimento. Sendo *o Nunca* tão próximo da ideia do nada (e, ao mesmo tempo, sendo tão nostálgica a forma como a *Terra do Nunca* se opõe à vida e ao crescimento), receio que ela evoque um lugar ameno que, depois da infância, só se reencontre no paraíso com que, supostamente, a morte nos presenteia.

Assusta-me que a maioria das pessoas compreenda as outras vidas que há para além da vida só quando se morre. Sem que seja preciso tomá-las como se fossem fadas, em todos nós há outras vidas. As outras vidas que as diferenças dos outros levam a descobrir na nossa uma serena pluralidade, com que se aprende a crescer do egoísmo para a compaixão. As outras vidas das pessoas que guardamos em nós, e cujos gestos nem sempre correspondem a tudo o que gostávamos que nos dessem (e que o burburinho dos dias absorve com gula e que, sem querer, nos sabotam os olhos que damos aos dias). E as outras vidas que, quando nos custa imaginar alguém – quando nos diz: «chega-te a mim e deixa-te ser» – resgatam para nós onde faltava o sempre a quase tudo.

Quando a sensibilidade e o encantamento se casam, de forma comovente, chega-se à Terra do... Sempre. A Terra do Sempre constrói-se com as outras vidas que há para além da vida. Com fadas. Muito para lá das redondezas da infância. Faz-se das coisas extraordinárias que nos transformam, logo que acreditamos nelas. Põe riso, compaixão e «deixa-te ser» dentro de nós... Chegados ao sempre, o coração «guarda o mundo em si». E, só aí, se começa a aprender.

A escola do passado

A escola em que crescemos já não existe mais. Morreu. Mas, em função das transformações das famílias, dos anos sessenta até agora, se a escola continuar a ser como foi, irá... estragar as crianças. Estragará se der mais importância ao repetir do que ao pensar. Estragará se continuar a casar sofrimento com trabalho em vez do prazer com o aprender. Estragará se confundir a perícia dos conhecimentos técnicos com a pluralidade dos gestos humanos (que precisam de tempo para amadurecer). E estragará se os professores não fizerem parte da família alargada das crianças e permanecerem, porventura, como domadores de pequenos imberbes.

A escola do passado – a escola em que crescemos – tem sete características que estão a morrer de morte natural:

- a perspectiva idealizada de família tradicional, pouco democrática, pouco pluralista, pouco dialogante e abandónica;
- uma ideia jurássica de criança, que vem do século XVIII, que associa a inocência (essa fantástica abertura diante do desconhecido) com a estupidez, e que faz com que as pessoas crescidas demonstrem, por maus exemplos, que aprender precisa de tempo, de reciprocidade e de erros;
- a influência de uma ideia medieval de bem e de mal, que foi separando sentimentos bons de sentimentos maus, esquecendo que, sempre que não confiamos – a quem é importante para nós – todos os nossos sentimentos, ignoramos que o amor não é um sentimento, mas a pluralidade dos sentimentos (porventura, contraditórios) que confiamos a alguém;
- a obscurantista influência da sexualidade nos gestos educativos, que foi separando a educação das raparigas da educação dos rapazes, foi distinguindo o brincar feminino do brincar masculino, e foi infiltrando muitas regras educativas e muitos conteúdos cívicos de interdições à sexualidade que vêm da Antiguidade e que, em verdade, sabotam muitos gestos de ternura;

– uma ideia totalitária de Estado, que influenciou, no século XX, modelos ditatoriais, à esquerda e à direita, como se a educação se pensasse de cima para baixo e nunca lado a lado, o que transformou a bondade das políticas educativas (que se traduzem numa ideia de Homem, de mundo e de desenvolvimento) numa tutela paternalista da educação, imaginando que, sem ela, haveria o caos em vez da liberdade;
– a importância desmesurada no economicismo na construção do Homem (que faz com que os compromissos profissionais estejam sempre à frente dos compromissos familiares, dos nossos sonhos e dos valores), que faz com que a vocação, como síntese das experiências de vida (que precisam de tempo e de mundo para se configurar) privilegie a escolha profissional mais dominada pelos ganhos financeiros que se aguardam do que motivada pelo retorno que nos dará, todos os dias, aquilo que nos apaixona;
– uma ideia tecnocrática de educação, que tem privilegiado a formação técnica em prejuízo do crescimento humano, como se o ideal do Homem fosse tornar-se auto-suficiente e omnipotente e, muito mais do que crescer quando compatibiliza diferenças, se encaminhasse no sentido de se tornar... Deus, sozinho.

A escola em que crescemos já não existe mais. Morreu. E sempre que apressarmos a sua morte vagarosa melhor será fugir para a escola.

Um Deus que chora

Recordei, num outro dia, as imagens televisivas onde, no meio de um tiroteio, algures na Palestina, um pai árabe tentava proteger – com o corpo – a vida do seu filho pequenino que, apesar do desespero do seu amparo, acabaria, tragicamente, atingido por "balas perdidas" vindo, ante o seu desespero, a morrer. E descobri que os árabes, sempre que morre um filho, também choram! Para meu espanto, (aceitem o sarcasmo) ao pé da dor, não há latitudes nem credos que nos separem. Somos, simplesmente, pessoas. Incontornavelmente, pessoas.

Mas, então, a quem servem tantos ódios acirrados entre culturas ou a pretexto de religiões diferentes? Olhemos para eles: será que a educação tem humanizado o Homem? Não nos terá o conhecimento levado (muito mais) a uma fantasia de domínio sobre a Natureza do que ao respeito (sereno) pela pessoa? Será que o conhecimento nos tem tornado mais tolerantes e mais compreensivos? Será que este «fundamentalismo das sociedades normalizadas» (que nos leva a supor que seremos tanto mais aptos e mais eficazes quanto mais jovens, mais tecnocráticos e mais especializados nos tornarmos) nos autoriza a continuar a rir ou a chorar, a ter dúvidas ou a contemplar? ... será que nos aceitamos como pessoas? Lamento dizer-vos mas receio que não. E, pior, acho que sempre que as pessoas perderam protagonismo ao longo da História, o fundamentalismo floresceu.

Não sinto que o "verdadeiro fundamentalismo" seja religioso. Parece-me, antes, que o fundamentalismo religioso representa uma reacção, exorbitante, a um mundo que vive o primado da ciência e da técnica sobre a Pessoa de uma forma intolerante, sobranceira, xenófoba e... fundamentalista. Estúpida, portanto. Mas, talvez se compreenda. Na verdade, o mundo ocidental torna-nos, todos os dias, um bocadinho mais omnipotentes com o auxílio de instrumentos sempre mais sofisticados. E morre-se, nele, muito menos e cada vez mais tarde. Como é que tamanho deslumbramento não há-de levar-nos a rivalizar, secretamente, com Deus? Como é que podemos interferir tanto com a Natureza e, ao mesmo tempo, aceitar que, sempre que estamos tristes, continuem a existir manhãs de sol? E, no entanto, ao pé da dor, seremos, simplesmente, um Deus que chora. Ou, se preferirem, pessoas.

Seremos a pré-história de pessoas melhores mas... vamos a caminho. As pessoas não são o passado do conhecimento; são o nosso futuro. E – talvez, num mundo melhor – as pessoas possam continuar a especializar-se num grânulo (insignificante) do universo, não deixando de errar, nem de rir ou de chorar, de ter dúvidas e de contemplar, sem precisarem de fundamentalismos para pensar.

O mundo não se transforma com mais conhecimento, mais ciência e melhores tecnologias. Todos esses são instrumentos, preciosíssimos, da nossa transformação. Assim, possamos continuar a ser, incontornavelmente, um deus que chora.

Capítulo 2

UMA INTERMINÁVEL ESCOLA

Uma interminável escola

Quando as crianças chegam à escola, vão recriar aquilo que já sabem. Afinal, muito antes de lá terem chegado, calcorrearam várias carteiras. A mãe de todas as carteiras é cor-de-rosa. E nem sempre a professora é meiga e delicada. Às vezes, assusta-se e um bebé, fica num «treme-treme», e desforra-se a dormir. E explica à mãe, pelo seu comportamento, que não há crianças sossegadinhas: há é adultos que sossegam e adultos mais ou menos assustadores. Mas, na verdade, o útero é uma escola: de comunhão e de reciprocidade, de sobressaltos e de deslumbramentos.

A segunda carteira é um «vá pelos seus dedos!» (depois de um «vá pelos seus olhos»), em que um bebé passa a vista para a ponta dos dedos. E percebe que não se conhece nada (nem ninguém) sem que se toque no que se quer conhecer. E que, com isso, primeiro, parece que se adivinha e se intui e, só depois, se conhece e descobre.

A terceira carteira é o olhar. Sobretudo, o dos pais. Que são o farol de todas as crianças e que, salvo as fúrias "sindicais" de uns e de outros, transformam um bebé num insolente com maneiras.

A quarta carteira é a casa... feita num recreio. Com a ajuda dos irmãos e a cumplicidade dos avós. Quer quando se transforma a sala numa rebelião de Legos e de peluches, quer quando a banheira é o ancoradouro de todos os brinquedos. Até que a mãe se arma em Capitão Gancho e ... estraga tudo.

A quinta carteira é (como dizer?...): «Olá! Brinca comigo... mas poupa-me o dormir». Isto é, o infantário. Onde se descobre que brincar é aprender a dois ou a muitos mais, e que quem não brinca decora e repete, mas não corrige: reprova. E que *espantalhar* os sons e casá-los (depois de todas as azelhices) é aprender todas as línguas antes de aprender a língua materna, misturar as cores é aprender a multiplicar antes de descobrir a matemática, e que nunca se aprende contrariando o corpo e domesticando os sentimentos. E que a aprendizagem vai do corpo para o ritmo, do ritmo para o controle dos movimentos e para os grafismos, do movimento sem regras para o brincar (como experiência de encontro com regras), da fala do corpo com os olhos para o português, da intuição aleatória para a intuição com regras, que é a matemática. Mas, infelizmente, em muitas escolas, primeiro, reprime-se o corpo; depois, o movimento; depois, a linguagem; a seguir, o brincar. Finalmente, alarmamo-nos pelas dificuldades de imaginar que as crianças manifestam. Ora a imaginação não é um devaneio do pensamento: é a linguagem do corpo casando com o pensamento.

É por isso que a sexta carteira tanto pode ser quente como se torna má. A escola devia assentar na educação musical, na educação física, na educação plástica, na matemática e no português. Brincar com a música é aprender uma língua antes de se chegar às regras gramaticais. As letras, por exemplo, são rabiscos e, depois, são riscos com som (as crianças não são audio-visuais: são visuo-auditivas). Primeiro, observam. Depois, interpretam. A seguir, escutam. Finalmente, despertam para a sensibilidade, intuem (antes de interpretar). Só mais tarde aprendem a ler.

É por isso que ninguém nos ensina nada sem que aprenda connosco. E, por isso mesmo, ninguém que nos ensine tem o direito de olhar de cima para baixo, a não ser para nos dar a mão, antes de nos conduzir ao seu encontro. Isto é: aprender é uma experiência de encontro de duas direcções num mesmo sentido. Que começa em todas as carteiras por onde se passa antes de pôr o pé, uma primeira vez, na escola.

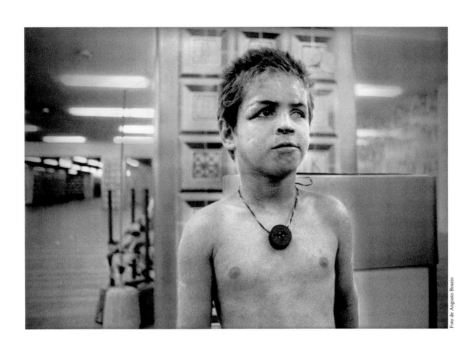

Foto de Augusto Brazio

Não é verdade que estudar seja divertido

Ainda assim, não é verdade que o estudo seja uma sala de estar, para as crianças. E que elas, sempre que possível, fujam de casa ou dos amigos para lá.

Não é verdade que as aulas sejam um lugar ameno e estimulante, para onde se empurre a vista na ponta dos dedos, antes deles se tornarem no capitão Gancho do nervoso miudinho. Também não levam para o estudo todos os "porquês". Nem o recreio, como forma de juntar brincar com aprender.

Não é verdade que os livros interpretem tudo o que as crianças descobriram, antes de entrarem na escola, e tornem os seus conhecimentos numa sabedoria mais moldável, mais simples, mais fácil e, sobretudo, mais bonita. Porque estudar não é, na maior parte das vezes, divertido. Às vezes, alguns conhecimentos quase se tornam um quarto escuro. Outras vezes, parece que, com eles, o pensamento se entontece e engonha, até.

As crianças não gostam de estudar: mas adoram aprender! Precisam, primeiro, que os conhecimentos da escola não atropelem a sua sabedoria. Gostam depois, que alguém as escute, antes de lhes dar todas as respostas. E pespegam-se a imaginar problemas onde os adultos só procuram soluções.

As crianças precisam de perceber como se pensa antes de aprenderem a estudar. É por isso que apreciam aqueles a quem confiam o escurinho de todas as dúvidas, livres do medo de não se perderem no caminho de volta. Não tanto porque haja conhecimentos irrefutáveis, diante de tudo o que não sabem, mas porque só o encantamento que salta dos olhos de um professor é que inunda a alma – e arrepia! – sempre que ele transforma uma mão cheia de dúvidas numa torre de cubos que tremelica, se engasga e se estatela.

As crianças precisam de transformar cada pinguinho de matérias enfadonhas num "basta imaginar", de cada vez que passeiam pelo estudo. E se (de cada história que se escapa de um livro distraído) construírem, de seguida, um comboio de aventuras, é pouco! O importante não é estudar para crescer, mas chegar mais perto. Sempre mais perto. E descobrir!

E só sendo percebidas como pensam, e levando para o estudo os seus porquês, as crianças percebem que, primeiro se pensa e, só depois, se estuda. E se for assim, o estudo nunca deixa de ser uma sala de estar, pela vida fora.

Unidos Aprendemos!

Portugal e o mundo mudaram profundamente. As famílias democratizaram-se e são melhores, as novas tecnologias revolucionaram a relação das crianças com o conhecimento, mas a escola tem permanecido mais ou menos igual há 200 anos. Numa escola a precisar de mudanças, os alunos, os pais e os professores divorciam-se devagarinho e não conversam sobre os ressentimentos que ela lhes traz.

A escola é um património da humanidade. É porque (uns mais secretamente do que outros) todos acreditamos que a escola se pode transformar num lugar melhor e mais bonito. Nem que, para tanto, as crianças tenham de assumir as suas responsabilidades e dar o exemplo na luta por aquilo em que todos acreditamos. Começando por propor um caderno reivindicativo... em português suave. Em nome dos alunos, dos pais e dos professores. Afinal, todos podemos ser uma escola uns para os outros, assim queiramos aprender uns com os outros.

1

Os alunos têm o direito a ficar protegidos dos maus educadores: sejam eles pais perfeitos, professores cujo humor varia entre o dorminhoco e o rezingão, ou políticos que nunca foram crianças (e que imaginam que a escola melhora sempre que se estica o tempo lectivo de todas as aulas e o período do dia em que as crianças ficam à guarda da escola). Tomando em consideração o período do dia em que estão de olhos abertos, os alunos não podem passar mais tempo na escola do que passam em casa. E têm o direito a descobrir que a escola é o lugar onde a família se espreguiça. E, se bem que fosse desejável que todos os professores gostassem das crianças, e não as tomassem como uma fatalidade, reconhecem que, muitos deles, valem mais que muitos tios, alguns primos e imensos colegas juntos.

Os alunos reivindicam, nos horários que os pais fazem, todos os anos, nestas alturas, que lá estejam, destacadas, e a vermelho, horas para brincar. Brincar ajuda a crescer. E, depois da escola, os alunos reivindicam não ter de ir a correr, todos os dias, para os trabalhos de casa, para o atelier de tempos livres para o inglês, para a natação, para os computadores, para a música, ou para o que quer seja. Brincar, então depois da escola, faz com que os alunos não se zanguem com ela nem deixem de namorar com o crescimento. Aliás, os alunos acham que a maioria dos tempos livres são uma grandessíssima batotice das pessoas crescidas. Na verdade, mais parecem uma saga do género: Escola – parte II. De livres, têm quase nada. E, bem feitas as contas, são uma forma de pôr as crianças ou entretidas ou distraídas que, valha a verdade, são (a par da televisão) vícios próprios de pessoas mais velhas.

Os alunos estão cansados de ser pequenos génios. Como se, ao contrário das pessoas crescidas (que erram que se fartam), não só nunca pudessem errar como se, sempre que se ficam por um rendimento suficiente, todos entrassem em pânico, porque – supostamente – estivessem à beira de uma debilidade mais ou menos instruída. Os alunos acham que o importante não são os erros mas se se é capaz (ou não) de aprender com eles.

Os alunos percebem que as filas para o bar são o primeiro lugar onde se aprende que, ao contrário do que devia ser, são os mais fortes que mandam. E, embora não percebam porque é que não há professores nos recreios ou nas zonas de convívio das escolas, agradecem, reconhecidos, que eles dêem o bom exemplo de não os filmar à margem do seu conhecimento ou da sua vontade. E estão, até, disponíveis para alindar a escola, assim ela não os prive do material mínimo, do papel higiénico, dos aquecedores ou das ventoinhas que a tornem num lugar menos agreste.

Os alunos chamam a atenção para o espaço estreito que são os beirais da maioria das escolas. Porque, caso muitas escolas não entendam, se eles não podem estar nas salas (fora do horários das aulas), se não podem andar livremente pela escola, nem brincar (de forma ruidosa) entre as salas, restam os beirais das escolas. Ora, sempre que chove, os alunos reconhecem que os beirais os refrescam mas, correndo o risco de os acharem rebeldes, propõem uma quotização de ideias para que o Ministério da Educação entenda que brincar não é uma actividade nem estreita nem sazonal, e que as escolas amigas do conhecimento se vêem, também, no modo como respeitamos os recreios.

Os alunos vêem com preocupação a forma como direitos de décadas estão a ser postos em causa, sem serem escutados os seus representantes e sem negociação. Por isso, os alunos reclamam o direito aos feriados. E, se há pais que reivindicam que haja professores que substituam os colegas que faltam, não é porque os alunos se percam na brincadeira mas porque há alguns professores (não a maioria, reconhecem) que faltam demais. E pedem que lhes seja explicado, um pouco melhor, a utilidade do estudo acompanhado e de outras actividades que são do seu interesse mas que, em vez de ligarem conhecimentos e de os porem a tagarelar uns com os outros, parecem fazer de cada disciplina uma espécie de enclave nos curricula das escolas.

Os alunos acham, também, que há uma epidemia atípica de crianças hiperactivas e com défices de atenção nas escolas portuguesas. E propõem uma campanha de vacinação. Acreditam que a escola consegue distinguir, com sensatez, crianças atentas, crianças insolentes com maneiras e crianças doentes. E, portanto, pedem à escola que ajude os pais a serem mais pais enquanto eles a auxiliam a transformar-se numa escola melhor. E, se este sistema de bolas verdes, amarelas ou vermelhas, tão em voga, é um tão precioso auxiliar educativo, como alguns dizem, que se estenda, então, aos pais e aos professores e que, também eles, se deixem classificar pelos actos que têm, diariamente.

2

Os pais exigem que a escola compreenda que eles estão gratos por ela existir. E que os professores não são um adereço mas um bem de primeira necessidade na vida das crianças. E, portanto, apelam para que a escola os trate com bom gosto e com boa educação. E que não sejam tomados como agentes subversivos ou como débeis adestráveis (embora reconheçam que, muitos pais que se sentem em falta com os seus filhos exijam aos professores e à escola mais compromissos do que todas as suas falhas juntas possam somar).

Os pais estão obrigados a compreender que se o conhecimento (e a escola) são direitos das crianças, a playstation (ou a XBox), a televisão, o computador (e o Messenger), e as sms's não deixam de o ser. E que lhes cabe a eles, no seu bom senso, discernir a conta, o peso e as medidas desses amigos do conhecimento. Mas estão proibidos de fazer de pais aqueles que vêem televisão ou atendem o telefone durante as refeições, não cavaqueiam com as crianças e, ainda, os que desconhecem o nome do professor mais importante para os seus filhos ou que não imaginam quem serão os melhores amigos deles. (Imaginando que alguns desses pais sejam militantes imaculados pelos trabalhos de casa, propomos que, em relação a cada uma destas omissões, escrevam 50 vezes, numa caderneta do pais: «prometo não andar de cabeça no ar!»)

Os pais agradecem, ainda, se a escola os incluir nas áreas de projecto ou nos clubes escolares. E gostam de ser recebidos pelo director de turma, sobretudo quando, para além das notas e da forma criteriosa como lhe indica as presumíveis asneiras do seu educando, lhes falam, também, das suas qualidades, e de muitos outros pormenores, das aulas ou do recreio, que lhes passariam despercebidos, sem essa preciosa ajuda. E gostam, ainda, dos conselhos de turma (sobretudo, quando não estão lá só a fazer de número, nem de ser impedidos de conversar – de forma amena – acerca das classificações, nem obrigados a ver o representante dos alunos a rebaixar-se diante dos professores como se, desde muito cedo, as crianças crescessem melhor quando deixam de dizer não). E percebem que os professores até registam com agrado as visitas dos encarregados da educação, embora não entendam porque é que o horário de atendimento dos pais não seja num período pós-laboral e tenha de ser, quase sempre, à segunda-feira entre as 10,30 e as 11,45 h, por exemplo, como se todos os pais não fizessem mais nada.

Os pais sentem-se, ainda, obrigados ao direito à indignação. Não por regra mas sempre que os cuidados dos seus filhos assim o exijam. Quer quando, alguns professores, maltratam, amesquinham ou humilham os seus filhos, ou quando imaginam que as crianças aprendem melhor se levarem, todos os dias, quantidades exorbitantes de trabalhos de casa (que vão muito para além da meia hora didáctica de trabalhos que as crianças devem ter).

3

Os professores percebem que há uma diferença entre os licenciados que dão aulas e os professores. Mas apesar de acreditarem que, depois dos familiares, os professores hão-se ser, tendencialmente, cada vez mais amigos das crianças. E sentem-se ultrajados quando são obrigados a fazer de assistentes sociais, psicólogos e professores (para além das aulas que dão, é claro). E até aceitam ser os primeiros encarregados da educação de muitas crianças, cujos pais foram estando em "serviços mínimos", embora não tolerem ser os magistrados ou os terapeutas de algumas crianças maltratadas ou muito doentes que, embora sendo uma imensa minoria, fazem com que quaisquer estratégias pedagógicas se tornem inconsequentes. Para cúmulo – vá-se saber como? – algumas destas crianças são associadas numa mesma turma e, embora os seus pais sejam negligentes ou elas exprimam, continuadamente, angústia e outros sofrimentos, há quem lhes exija que elas aprendam as matérias escolares antes de aprenderem as diferenças entre o bem e o mal.

Os professores reivindicam que, antes de se fazerem rankings de escolas, lhes dêem tempos sensatos e condições de trabalho (adequados à sua função). E não aceitam que algumas das pessoas que dão aulas achem que há crianças burras e crianças inteligentes, que acham que o insucesso é um problema exclusivamente dos alunos e, algumas vezes, dos pais... Insurgem-se contra aqueles que, para estimular um aluno, lhes dão uma classificação inferior ao que, efectivamente, merece, como se os alunos se motivassem de outra forma que não pelos bons resultados que conquistam, com justiça. Consideram que – independentemente do mau ambiente de casa, dos humores passageiros de um professor, de uma ou outra zanga com um amigo lá da escola, ou de um período "assim-assim" que esteja a atravessar – um aluno que tira sempre boas notas merece uma atenção especial porque alguma coisa de menos bom se pode estar a passar com ele. E reclamam, ainda, que os pais que pactuam com as batotices que possam existir numa escola, ou que aqueles que, semana após semana, infernizam a vida das crianças exigindo-lhes resultados perto do excelente, sejam tomados como maus amigos das crianças (estando elas em risco, se esses comportamentos forem mais ou menos compulsivos).

4

Os alunos adoram aprender, brincar e conviver. Os pais gostam que os alunos gostem da escola. E os professores adoram ser um exemplo que as crianças têm em conta no seu crescimento. Mas a escola só será um património de humanidade, e um lugar melhor e mais bonito, quando todos aprendermos com todos.

Capítulo 3

TODAS AS ESCOLAS
SÃO JARDINS DE INFÂNCIA

Os Bebés nos Adultos

A fala

Quando as minhas crianças eram pequenas, e inventavam os mais fantásticos pedidos, também eu – como quem frequenta, com aproveitamento, uma escola de magia, só para os pais – recorria à batotice, quando lhes dizia: «depois se vê...» (e "chutava" os seus desejos para canto) ou fazia «hum!... hum!...» (que, dependendo da entoação, supunha os significados mais fantasiosos que me apeteciam). Apesar das habilidades em que me perdia, também eu imaginava – com aquela pose enfadonha de muitos pais – que as crianças, ao contrário de todos nós (é claro!), são umas manipuladoras, quer quando respondem «já vou!...» (e nos recomendam que esperemos sentados...), quer quando "falam para dentro" (e são levadas a presumir – contra a sua vontade, já se vê... – que estaremos de acordo com tudo aquilo que não... ouvimos).

Talvez, por isso, as minhas crianças, quando eram pequeninas (e me queriam comprometer), pediam para me deixar de magias e para dizer «sim»... com a boca. À custa de tão bons educadores, compreendo, hoje, ao contrário do que imaginava, mesmo quando dava som às palavras, fui falando (vezes demais) nas entrelinhas, nos intervalos em que respirava entre cada palavra, ou através do silêncio (que, à medida que fui abusando dele, percebi que será a verdadeira Torre de Babel onde cabem todas as línguas do mundo, com os resultados que conhecemos...).

É à custa de imaginarem que o silêncio é, facilmente, decifrável que a linguagem dos adultos se torna equívoca e fugidia. É porque não dizem sim com a boca aquilo que sentem que discutem. Odeiam--se, porque não se conhecem, e tomam as palavras como armas, simplesmente porque ainda não aprenderam a contorná-las sempre que falam com a boca. É curioso como, sendo tão competentes para a linguagem, falemos tão pouco para nós próprios. Talvez a linguagem seja o primeiro obstáculo para o conhecimento, sobretudo quando parece um "dialecto" estranho, cerrado, intransigente e obsoleto, até quando falamos com alguém precioso para nós que, apesar do que dizemos com a boca, parece não nos conhecer.

A linguagem que corre dentro das palavras

Por vezes, sinto que muitos educadores são levados a imaginar que a linguagem precisa, incessantemente, das palavras, o que não é verdade. A linguagem são "comboios" de letras. E as letras são desenhos com música. Desenhos tormentosos, como sabem, porque – ao contrário do que sucede quando se "faz" uma casa, por exemplo – não consta que nos premeiem se acrescentarmos um sol (risonho e radiante) ao A, ou se "abonecarmos" o N (com uma chaminé a fumegar ou com cortinas coloridas).

Aprender a desenhar as letras faz-se, como sabem, só por castigo. Obriga a repetir, vezes sem conta, o mesmo desenho... e a mesma "música" (sem espaço para guitarras acústicas ou para solos de bateria). Talvez seja por isso que as letras – então, quando se escrevem – fiquem sensaboronas. Desenhá-las obriga a que se ponha a língua de fora, que se agarre no lápis como se fosse a alavanca de um Concorde (por exemplo), e que se tenha de estar sempre na linha (o que, como sabem, contraria os ímpetos de quem anseia por riscar, por gatafunhar, por desenhar... e por todos os vocábulos terminados em "ar" (como, por exemplo:... «socorro, não me obriguem a repetir mais desenhos, que sou pequenino»). Para mais, as letras saem a perder junto dos fantásticos gatafunhos das crianças (que parecem fazer de todos os riscos... todas as palavras do mundo, com a mesma batotice que eu usava sempre que, com o mesmo «hum hum...», dizia «sim» (hum!hum!), «não» (hum?! hum?!...), e «como? ou será?» (hum? ... hum?). Ou quando lhes dizia «Porque sim!» e quase me melindrava quando, um deles, retorquia: «Porque sim não é resposta!».

Tantas voltas servem para vos dizer que, mesmo quando usamos um mesmo português, a diferença está... na música. Dito doutro modo, se preferirem: há uma linguagem que "corre" por dentro das palavras (a música) que é rítmica, melódica, expressiva, rebelde e insubmissa, e que guarda tudo o que não somos capazes de dizer quando falamos com as palavras, aquilo que se perde nas entrelinhas, nos intervalos em que se respira, ou nos silêncios. Uma "música" que se compõe dentro de nós, espontaneamente, em cada momento, a partir do que somos, e que, infelizmente, fomos ensinados a desqualificar, como se tivessem de ser as palavras a acolher, a transportar e a transformar o nosso pensamento e as relações onde ele se alimenta. Se preferirem, di-lo-ei doutra maneira: a verdadeira linguagem é música. Vem do coração. Enquanto a outra linguagem, feita de palavras, será um exercício (por vezes, acrobático) em que tentamos iludir a "música"... do coração. Trazer a música do coração para as palavras será o grande desafio da escola, se não quiser deixar de construir pessoas melhores.

A música que vem do coração

Muitos de entre vós já terão reparado que pretendo insinuar que, apesar das palavras, a linguagem dos crescidos é uma linguagem de... bebés. Por vezes, com menos preparos que a deles. Senão, reparem:

- Antes dos bebés dizerem sim, treinam, com um afinco elogiável... o não;
- Só depois do não chegam ao sim (como se compreendessem que um sim só deva confiar-se a quem seja capaz de acolher todos os "nãos"). Depois do não vem o porquê e, a seguir, só a seguir, o "eu".

Reparem que muitos dos crescidos que usam o "eu" sobre todas as coisas, decerto com o empenho de quem está aprendendo a soletrá-lo, talvez o façam sem que se perguntem, antes, pelos porquês de tanto "eu", ou acerca do "nem sim, nem não" com que iludem todos os porquês.

Mas estes movimentos da linguagem dos bebés só se dão quando eles tentam não decepcionar as suas mães e os seus pais, e se experimentam nas palavras. Enquanto isso, os pais tentam, com afinco, repetir «arrrh!» (rosnando, com todos os érres, sobre os bebés), e as mães disputam, secretamente, a sua primeira palavra (como se, ao dizer «ma-mã», um bebé respondesse, antes que ela lhe perguntasse, quase sem querer: «o bebé gosta mais da mamã... ou da mamã»?...).

Os bebés são de uma condescendência imponente perante os desvarios dos pais. Sobretudo, porque é com estranheza que reparam como as pessoas crescidas usam, muitas vezes, as palavras como forma de não deixarem que se oiça a "música" que vem do coração. E, pior, os bebés sentem que há qualquer coisa de marciano nos adultos quando, nem sempre com carinho, descrevem as suas produções como se estes pequenos seres lhes estivessem a dar... música e, depois, não percebessem as pautas, os compassos, ou as "notas" da gramática universal da língua humana que os bebés já dominam, e que muitos adultos, teimosamente, tentam iludir.

O olhar, a pele e o toque, e gramática do silêncio

Os bebés sabem que falamos, sobretudo, com os olhos. Eles são as janelas com que apanhamos sol por dentro e as cortinas com que tentamos esconder as coisas de que não falamos... com a boca. Os bebés aconchegam-se num olhar terno, espreguiçam-se num olhar luminoso, distraem-se com um olhar ansioso, assustam-se com um olhar deprimido, e aterrorizam-se com um olhar baço e vazio. À dimensão de uma grande orquestra, o olhar é um piano: guia-nos por entre os sons, embala-nos com os graves, e chama-nos com os agudos.

Os bebés sabem que falamos com a pele e com o toque, mesmo que, à custa de inúmeros desencontros pela vida, não recordemos a última vez em que nos confiámos a um abraço ou que nos passaram a mão nos caracóis. Sabem que o corpo é maquilhado pelos crescidos mas estranham que eles não reparem que um corpo em reboliço nos repreende por não conversarmos com os sinais que nos faz chegar. À dimensão de uma grande orquestra, a pele e o toque são os metais: criam uma atmosfera que ora acolhe ora torna uma conversa ácida ou agreste.

Os bebés sabem que o silêncio é a forma de alguém falar dentro de nós, pelo modo como o sentimos, como nos expande ou nos assusta. À dimensão de uma grande orquestra, o silêncio são as cordas: fazem voz grossa, como o violoncelo, ou sintonizam-nos com o protagonismo do piano.

À dimensão de uma grande orquestra, a gramática dos gestos é a percussão: puxa-nos para o olhar ou para a pele, quando se dilui numa harmonia melódica, ou, como com os pratos, empurra-nos para longe de alguém que, com a boca, contraria o seu olhar.

A *música dos bebés*

Será a educação musical essencial para que o pensamento de um bebé se alimente e se expanda?

Acho que sim. E acho que não. Acho que sim quando a música vem do coração, e com ela se acarinha a sensibilidade. Acho que não quando alguma educação musical para bebé se parece com muitas escolas de pais, como se houvesse uma ânsia de transformar bebés em pessoas sobredotadas (que, às vezes, parece ser acompanhada com um olhar deslumbrado, do género: «Meu Deus, eles ouvem, e estão atentos quando lhes damos música!...»).

Ainda assim, a melhor educação musical para os bebés talvez lhes chegue através das canções de embalar das suas mães e dos seus pais, num compasso binário que retoma o ritmo do ruído cardíaco, constante e calmante, que atravessava os ruídos viscerais (que lhe chegavam ao útero). A música, para um bebé, depende do intérprete, e do modo como ele, à boleia das notas musicais, solta a música que vem do coração. Daí que alguma educação musical para bebés lhes desperte estranheza, pelas tristes figuras de alguns adultos, que se arredam do coração quando cantam (ou quando tocam) para os bebés.

Ao contrário, a melhor educação musical para os bebés pode promover-se desde que se tome o colo como aulas de dança, e se perceba que só quem se entrega nos braços de alguém se deixa conduzir por duas músicas que chegam do coração para os embalar.

Os cinco sentidos do conhecimento

Antes da linguagem abstracta dos números e das letras, que disciplinas devem fazer parte dos curricula dos nossos jovens... tecnocratas de fraldas?

A educação musical, a educação física, a expressão plástica, serão as áreas nucleares no desenvolvimento infantil. Já se perguntaram porque é que os gagos nunca se "engasgam" quando dizem pela música aquilo que não podem dizer com as palavras? Ou porque é que adolescentes introvertidos parecem "pequenos polegares" que nos conduzem até ao coração, com a sua música?

As crianças aprendem a construir formas e a expandir ideias com a música. Com ela, aprendem a pensar, antes de precisarem de palavras. Pensam em cumplicidade com o corpo. E aprendem enquanto brincam. Porque – por favor, não o esqueçam – a empatia corresponde a dois olhares que se constroem num horizonte, único e irrepetível.

Por outras palavras, aquilo que vos digo, é que uma escola que reprima o corpo, iniba a imaginação, e se divorcie do brincar, pune o pensamento. Imagina que a música do coração é o... "pianinho", e que o sol que vem de dentro são... "cantigas". Uma escola assim estraga as crianças. Uma escola que não coloque em paridade a educação musical, a educação visual, e a educação física, como portas de entrada para o português e para a matemática esquece estes cinco sentidos do conhecimento e incentiva a estupidez.

Os bebés nos Adultos

Como vos disse, tentei reclamar, não de forma idílica, a linguagem dos bebés para todos nós. Dizendo-vos que há uma linguagem que "corre" por dentro das palavras; musical, rítmica, melódica, expressiva, rebelde e insubmissa, que guarda tudo o que não somos capazes de dizer quando falamos com as palavras, que se perde por entrelinhas, nos intervalos em que se respira, ou através do silêncio.

E disse-vos que achava que a verdadeira linguagem é esta música que nos vem do coração. Enquanto a outra, feita de palavras, será um exercício (por vezes, acrobático) em que tentamos iludir a "música"... do coração.

Disse-vos que os olhos, a pele e o toque, e o silêncio constroem esta linguagem "de bebé" nos adultos. E disse, ainda, que a escola, sempre que ilude a música do coração, nos empurra para a estupidez.

Talvez tenha tentado dizer-vos, afinal, que o coração tem várias assoalhadas – umas, soalheiras, outras, esconsas – que necessitam comunicar umas com as outras. E que quem as liga é uma linguagem que "corre" por dentro das palavras: musical, rítmica, melódica, expressiva, rebelde e insubmissa, que guarda tudo o que não somos capazes de dizer quando falamos com as palavras. Uma "música" que se compõe dentro de nós, espontaneamente, em cada momento, a partir do que intuímos e que, infelizmente, fomos ensinados a desqualificar, como se tivessem de ser as palavras a acolher, a transportar e a transformar o nosso pensamento e as relações onde ele se alimenta.

Todas as escolas são jardins de infância

1

Há algum tempo atrás, fui convidado a fazer uma conferência no Jardim-Escola João de Deus, em Coimbra. Talvez tenha chegado precipitadamente. De tal maneira que, já no auditório, ao deparar com os meus ouvintes, em vez de professores ou de pais, deparei com trezentas crianças, mais ou menos em silêncio, com pastas e com esferográficas de congresso e, pior do que isso, prontas para me ouvirem.

Terei feito tudo o que não devia. Propus-me, com perplexidade para os meus jovens ouvintes, reflectir acerca dos heróis (tentando mostrar-lhes como eu os imaginava tão parecidos com aquilo que reconhecem nos seus pais).

– Imagino que vocês se sintam muito pequenos ao pé do super--homem (que parece ouvir o que as crianças não ouvem, ver o que as crianças não vêem, e que parece cair de muito alto sem nunca se aleijar e sem nunca morrer... (disse-lhes)

Ficaram todos muito calados, olhando-me com uma surpresa muito grande. A minha inquietação tornou-se cada vez maior e o silêncio deles... ainda maior. Talvez tenha tido, ao fim de algum tempo, um momento de alguma sensatez. E disse-lhes:

– A verdade é que, como vocês já repararam, armei-me em super-homem mas, na verdade, estou aflito, sem saber o que vos hei-de dizer para nos entendermos...

A minha plateia descontraiu-se, claramente, como se me dissessem:
– Finalmente, ao fim de algum tempo, ele disse alguma coisa interessante!...

Talvez tenha ficado fascinado com o resultado das minhas confidências... e continuei.

– É que eu pensava que os vossos pais, que vocês acham os adultos (assim à imagem do super-homem), que podem ver as coisas que vocês não vêem, e que podem ouvir aquilo que vocês não ouvem...

A pequenada ficou, uma vez mais, em silêncio, como se com isso me dissessem:

– Recaiu!!! Coitado!...

Foi aí, que no fundo da sala, uma pequenina que me pediu o microfone. Estava eu aflito, quando lhe perguntei:

– Sabes, eu pensava que os vossos pais acham que vocês levam a sério os vossos heróis ...

A pequenina respondeu-me com um olhar maternal:

– ... Mas eles pensam!

(O meu olhar vitorioso durou alguns segundos...) mas retorqui:

– Só que eles não percebem nada disso!

2

É fantástica a forma como as crianças dão tão pouca importância à sua pequenez quando se sentem essenciais para a vida de alguém. Ao pé da importância com que ficam, o super-homem é uma história de que os adultos não percebem nada. As crianças entendem que são as pessoas bondosas que as tornam vivas. E é a convicção da sua presença, no coração daqueles que as acolhem, que dá ternura ao conhecimento, traz segurança à curiosidade, e rege os desassossegos no seu pensamento.

Diante de fantástica complexidade que é o mundo interior das crianças, todos os pais são, algumas vezes, um bocadinho abandónicos. Repartem-se por inúmeros pensamentos e, sem darem por isso, fazem (vezes demais) de super-heróis para os seus filhos.

Sempre que os pais não se motivam para a interioridade das crianças, elas descobrem argumentos para se desmotivarem da vida.

Os pais precisam de perceber que a boa educação gera limites ("sentidos obrigatórios", "sentidos proibidos", "semáforos de várias cores"...) e argumentos para os tornear. Não há, pois, crianças continuadamente sossegadinhas, salvo quando o são por força do medo dos seus pais. As crianças saudáveis condescendem em fazer, generosamente, as "vontades" aos seus pais. Mas são mais saudáveis, ainda, quando desmancham brinquedos, ou (sempre que brincam) desarrumam o quarto.

Crianças saudáveis são aquelas que, ao irem pela rua, de mão na mão dos pais, procuram todas as dificuldades que encontram num passeio, nunca falam baixinho (... porque a paixão nunca se vive com cerimónia ou em 'bicos de pés'), e quando perguntam de onde vêm os bebés não ficam perplexas com as explicações dos pais mas divertidas com o seu embaraço.

Crianças saudáveis são aquelas que acham que os pais têm solução para tudo, e quando os sentem pouco convictos das suas opções, insistem – inabaláveis – na sua teimosia de os transformarem em melhores pais.

3

O que se passa, pois, na relação das crianças com o conhecimento, para que da generosidade infantil e da paixão das crianças (para com ele, para com os outros, e para com a vida), pareçam ficar, tantas vezes, adultos funcionais e pardacentos, semelhantes a crianças doentes?

O que se passa no crescimento para que a generosidade, a curiosidade, e a fantasia das crianças pareçam uma "bela adormecida" que aguarda por relações mágicas que as despertem para a vida?

4

Repito-me: somos incompetentes para o conhecimento sempre que desistimos de conhecer quem faz parte de nós. E as crianças sabem-no bem. Por isso, não desistem de desmontar as pessoas que trazem dentro de si, sejam os pais ou os professores, como se só fazendo de conta que são eles (sempre que se "vingam" nos bonecos, ao virarem-nos do avesso) os conhecessem melhor.

A forma como as crianças aprendem a conhecer as pessoas à sua volta organiza o modo como sentem que vale a pena conhecer, o que faz com que as falhas da relação dos pais para com elas se repercutam, e agravem, nas relações com os professores.

Quando as pessoas crescidas trazem problemas irresolúveis em vez de soluções para eles, os problemas da matemática ou os do português ficam mais longe do entendimento das crianças. A família é o "abre-te sésamo" da relação das crianças com as aprendizagens e com a escola. Melhores famílias originam melhores alunos. Melhores alunos, melhores professores.

Mas a escola tem, também, uma responsabilidade muito grande no adormecimento das crianças quando, por exemplo, confunde domesticar com educar. Por vezes, a relação pedagógica resvala para uma relação de poder em que os professores se tornam o "dono da bola". Quando é assim, isso quer dizer que, quando esses professores eram pequenos, não tiveram pais que lhes permitissem fantasiar que, quando fossem grandes, fariam tudo aquilo que quisessem. E ao tornarem-se professores, ousam sê-lo...

5

Os bons professores nunca se refugiam em transparências: põem-se à transparência. E percebem que quando alguém nos põe uma dúvida nos põe em dúvida (e que só assim estão criadas condições para o conhecimento interior entre duas pessoas).

Nesta vivacidade saudável o que é, então, a escola, para as crianças?

É a casa onde se juntam pessoas para aprenderem umas com as outras, ou tudo aquilo que os adultos querem que as crianças saibam antes de saberem como se chama uma criança (quais os seus gostos, as suas fantasias ou os seus receios)?

Até que ponto uma escola acolhe crianças ou as "normaliza"?

E, na escola, a função dos professores é dar a conhecer ou... "dar" nas vistas?...

Para mim, a escola não serve para tirar dúvidas, mas para pôr problemas. A escola não serve para construir uma carreira de sucesso mas para, ao brincar-se com os conhecimentos, fazer da vida "um longo fim-de-semana".

A exigência tecnocrática da educação sugere uma escola que, muitas vezes, tiraniza a criatividade, torna as crianças obesas de informação, e rouba-lhes tempos e espaços de brincar.

Decorar não é aprender: mas repetir. A política de educação tem confundido, muitas vezes, pensar com adestrar, transformando a escola no purgatório por onde se tem de passar antes que se entre no limbo das pessoas crescidas.

Em todos os graus de ensino, a escola deveria ser um jardim de infância, onde se aprendesse como quem desmancha os brinquedos. Putman dizia que sabemos sempre mais do que aquilo que conseguimos expressar, e o melhor exemplo disso é o brincar. Quem não sabe brincar não pode pensar, simplesmente porque só ao reaprender, com os outros, aquilo que se sabe, se re-cria e se aprende.

6

Quando se discute o insucesso escolar não se deve colocar o ênfase no insucesso dos alunos mas na falta de humanidade dos pais e dos professores, como competência para conhecer as crianças. O sucesso escolar cresceria com mais espaços de brincar, com mais ateliers de pintura ou de teatro. Uma escola saudável não sente os pais como alunos irreverentes, que são repreendidos antes de falarem, nem se fecha à comunidade e à vida (que dela devia deixar entrar, para crescer).

As crianças só aprendem as operações matemáticas depois de resolverem os "problemas" que os pais lhes colocam. Como podem ter os alunos paixão pela matemática ou pelo português, por exemplo, quando os respectivos professores parecem ter com a paixão uma relação traumática e doente? Permitam-me que brinque: há os professores que "aviam" aulas... e os professores que se dão a conhecer a si próprios, quando repartem os seus conhecimentos com os outros. Serão estes os "bons professores": re-criam, escutam, imaginam e brincam.

Numa escola parecida com um jardim de infância, aprender é uma relação recíproca, mesmo que muitos professores pareçam tão embaraçados como Clark Kent perante a namorada (ou parecidos comigo com as crianças do jardim-escola, antes de lhes dizer aquilo que, há muito, elas já tinham percebido: que estava aflito, e a tentar fazer de super-homem, ao pé delas).

Capítulo 4

OS NÚMEROS & AS LETRAS

A matemática nunca dá resto zero

1

Qual das duas formas é a mais quente? E a mais terna? E se a uma das duas tivéssemos de atribuir a simpatia como característica essencial, a qual o faríamos?

Sempre que ensinava as relações entre o inato e o adquirido no comportamento humano, fui perguntando aos meus alunos, a propósito dum triângulo e dum círculo, qual das duas formas seria a mais quente e a mais terna. Tentei saber, depois, se a uma das duas tivéssemos de atribuir simpatia como característica essencial, a qual das duas o faríamos?

Invariavelmente, os meus alunos atribuíam essas características acolhedoras ao círculo, dando relevo ao modo como esses conhecimentos são básicos. Estão guardados, com o crescimento da Humanidade, no código genético.

Os bebés já nascem a saber o essencial sobre figuras geométricas, mesmo que à barriga da mãe pareçam chegar alguns sons quase nada cristalinos, alguns sabores (mais ou menos açucarados), a luminosidade dos fins de tarde do Outono... mas muito pouca geometria.

2

O pensamento é sempre uma relação de troca. Pensa-se sempre que se estabelece um sentido entre unidades diferentes que se vivem numa relação particular, e onde a vitalidade daquilo que se troca cresce (sempre que se decifra o enigma que, num dado momento, cada incógnita representa). Aprender a pensar representa aprender as operações matemáticas antes de aprender os números. Antes das crianças saberem o que possa ser uma equação, aprendem a localizar as incógnitas que os seus familiares lhes trazem, e na forma como os intuem quando os observam (ou no modo como brincam) aprendem a resolver equações, muito antes de imaginarem que elas existem. Pensar é associar ideias; pensar é recriar.

3

Pensar é pôr problemas (mais que os resolver) e, dos insucessos da sua resolução, aprender a demonstrá-los. Pensa-se como se brinca. (Se assim não fosse, por que motivo as crianças, quando passeiam pela mão do pai, de haveriam procurar todos os degraus e os obstáculos mais discretos para os enfrentarem?) Com maior clareza: as crianças só enfrentam os problemas com as soluções que têm ao pé de si e, aprendendo com as demonstrações dos pais, brincam ao pensar.

4

Pensar é aprender a resolver operações mais pequenas e, logo que resolvidas, a encontrar as soluções para outras maiores. É saudável que, na presença de operações complexas, as crianças façam batota com as soluções. Na matemática, como na vida, não é por se aceder às soluções que se aprende a resolver um problema. Sempre que se resolve um problema não se fica mais competente para descobrir novas soluções mas, pelo contrário, está-se mais apto para não se fugir de novos problemas. Em quaisquer circunstâncias, a resolução de problemas traz-nos sabedoria e, mais difícil, traz-nos cada vez mais o desafio de a dividirmos por mais algarismos. Talvez seja o desafio essencial que a vida nos traz: dividir é multiplicarmo-nos.

5

Quando fazem castelos com os cubos, as crianças, embora pareçam a brincar, estão a resolver problemas matemáticos. Aprendem com os cubos aquilo que a mãe já as ajudou a aprender: que as coisas grandes contêm as mais pequenas. Pensar faz-se colocando dentro de quem acolhe aquilo que, fazendo parte de nós, não conseguimos resolver. Isto é, antes de o saberem nos conjuntos, as crianças primeiro acedem à continência; só depois se acedem a conter. Quando a intersecção de dois conjuntos é um conjunto vazio, parece não haver nada de comum que aproxime as diferenças delas e as dos outros num sub-conjunto de parecenças comuns. A ser assim, falha a continência e fica a contenção.

6

Pensar faz-se aprendendo a reconhecer as semelhanças e, com elas, aprender a crescer em relação com as diferenças. As crianças não acedem à relação hipotética entre entidades abstractas sem que tenham vivido e brincado às relações com pessoas "concretas": os pais entre si, os irmãos com eles, etc. Uma criança para quem o pai seja 1, e a mãe outra unidade muito diferente, em vez de aprender a multiplicar o pai pela mãe (atingindo $1x1= 1$ e, daí, acedendo à integridade da noção de família dentro de si), sentirá que $1x(-1)= -1$ (isto é, em lugar da integridade de uma família que propicia interiormente uma matriz para pensar, organiza uma atmosfera negativa, depressiva, que a desvitaliza e a leva a viver o pensamento com duas incógnitas, aquém de quaisquer "graus de liberdade").

As crianças têm consciência do 1 (da individualidade) e do 2 (da relação), mais ou menos em simultaneidade. Mas uma tal consciência só é possível quando, entre duas pessoas, existe a consciência do zero (da indivisibilidade entre duas pessoas diferentes que se querem, apesar das suas diferenças).

O acesso à consciência do terceiro permite que se tenha acesso à alteridade e à diferença e, em função disso, se aceda à integridade da relação (que pressupõe um conjunto de associações que se faz com um determinado denominador comum). O 3 permite que, através do terceiro, se aceda à consciência duma família e, com esse conjunto, às noções de reunião e de intersecção.

O 3, e a consciência do N, fez-se a partir da compreensão entre pessoas inteiras que tenham um espaço infinito e irrepetível dentro de nós. Para que, à medida que na adolescência se questionem os sentimentos, o mundo passe dos números inteiros às dúvidas e às convicções que se estendem de - 8 a + 8.

7

Primeiro, as crianças aprendem a receber (a somar...) e, só depois, em função do que recebem, aprendem a subtrair. Aprendem a multiplicar, para que, depois, se reparta e se divida.

Da mesma forma, primeiro, as crianças adicionam as letras em ditongos, depois, aprendem a adicionar fonemas, depois a multiplicá-los, transformando a fonética na semântica: juntar as letras é multiplicar sentimentos (é aprender a multiplicar antes da multiplicação).

As crianças começam a contar pelos dedos: porquê?... Porque, à falta de laranjas ou de lápis, os dedos são as únicas coisas concretas ao alcance das mãos a que podem recorrer para pensar. Pensar faz-se tocando naquilo que se pretende conhecer. Pensar só é possível quando se tem a vista na ponta dos dedos.

As escolas que condicionam a imaginação das crianças criam as condições essenciais para que elas não sejam capazes de abstrair, a ponto de brincarem com a matemática. Acresce a isso que muitos professores de matemática se referem a ela como um mal necessário, uma realidade sem qualquer chama de imaginação ou de fantasia.

Uma coisa é imaginar uma história; outra, abstraí-la numa dinâmica de relações entre números e linhas. A primeira qualidade para a matemática é ter um pensamento que crie imagens e as recombine; é ter imaginação.

8

A segunda qualidade é não obrigar as crianças, que tenham dificuldade em brincar com a matemática, a não gostarem dela. Como? Com aulas de compensação, por exemplo (que é tão assustador como aumentar a dosagem de óleo de fígado de bacalhau, sempre que ele é azedo). É possível que as crianças aprendam a multiplicar, por exemplo, através do vocabulário ou da pintura. Afinal, o que são as palavras se não o produto da multiplicação das letras?

Prefiro que as crianças aprendam a multiplicar juntando cores, percebendo que duas cores que se juntam geram uma terceira para a qual contribuem. Quando uma criança é capaz de imaginar a cor que se gera da associação de duas cores, por exemplo, já aprendeu a multiplicar antes das operações matemáticas.

9

O "trajecto" essencial à aprendizagem da matemática terá quatro condições incontornáveis: uma família, imaginação, vocabulário, e uma escola viva:

– uma família, porque a existência de uma relação familiar onde as crianças se sintam acolhidas (num "multiplicai-vos... e crescei"). Faz com que aprendam a aceder a dividendos a partir da divisibilidade (dar é receber duas vezes...), ou que aprendam as fracções, quando compartilham os pais, com os irmãos (mesmo que, com eles aprendam... "números" irracionais);

– imaginação, porque quem não se permite imaginar jamais aprende a matemática, já que não se permite viajar do vazio criativo da imaginação para a abstracção criativa da matemática;

– vocabulário, porque a matemática se aprende com as palavras e as regras de sintaxe e, só depois, com os números e com as operações. Juntar palavras é multiplicar sentimentos. Daí que,

às crianças a quem parecem faltar palavras para pensar, falta o essencial para a matemática. É por isso que muitos mantêm a par dessa dificuldade, profundas carências no português;
– uma escola viva, onde se perceba que as dificuldades de compreensão de uma criança representam, sempre, o insucesso de quem se propõe ensiná-la. Os professores não entendem que, muitas vezes, reduzem as crianças ... a 'zero', não respeitando as suas dificuldades para com as incógnitas do seu pensamento.

10

As crianças aprendem a resolver problemas e, só depois, acedem à matemática, com a certeza que, por mais que o desejemos, na vida nunca há uma última página com todas as soluções (mas com o bom senso de quem sabe que, na vida, raramente a resolução de um problema... dá resto zero.

Foto de Augusto Brazio

As letras são riscos sempre iguais

Quando as crianças compartilham os seus primeiros desenhos é como se dissessem: "já que não entendo muitos destes riscos, diz-me lá o que é achas que isto quer dizer!...". Para seu desalento, os pais rivalizam em condescendência com muitos críticos de artes plásticas, e à falta de respostas eruditas refugiam-se num "estás a ver, está tão bonito!" (mais ou menos batoteiro), que acrescenta uns tantos riscos mais a todos os que já compunham o desenho.

Os riscos são "tempestades de ideias" que saltam para a superfície do papel à procura de uma forma que os limite. É muito difícil, para quem usa um lápis como quem agarra uma lança, conter todos os riscos dentro de um círculo, por exemplo. Exige um "estar em sentido" e cansa tanto, que a língua fica presa pelos dentes (não vá soltar-se... estragando, com tagarelices, todo o talento). Quando, finalmente, todos os riscos ficam guardados dentro do círculo, as crianças, estão prontas para transformá-lo num O (de espanto) e, sem se darem conta, vão descobrir que uma letra (como o O) é só um risco domesticado que, embora não pareça, guarda outros riscos dentro dele. Um dia, quando brincarem com as letras e, com elas (como num jogo de encaixes), construírem as palavras, talvez venham a esquecer o esforço de guardarem tantos riscos num só O e digam, simplesmente... que «a língua portuguesa é muito traiçoeira».

Aprender as letras é desembaraçar todos os riscos de um desenho, com o rigor de quem brinca ao Mikado só com tintas. Desenhar as letras é difícil, porque elas são riscos que se fazem sempre da mesma maneira. Mas é pior quando as crianças aprendem as letras como se fosse um "é assim, porque tem de ser".

Afinal, as letras são riscos com música e movimento: são o que fica da multiplicação da educação musical pela educação visual. Sendo assim, se quisermos ajudar uma criança com dificuldades na relação com as letras, não a devemos castigar... ainda com mais letras, mas deixar que as aprenda desenhando livremente ou... brincando com a música. Logo que o faça tudo se desembaraça... começando pelos riscos que se fazem sempre da mesma maneira.

Escrever, para uma criança, custa muito. Faltam palavras (para guardar todas as imagens que se atropelam na memória) e sobra pontuação (que é como o código da estrada das ideias, que recomenda pausas e regras onde uma criança só imagina enormes auto-estradas).

Ainda assim, muitos professores insistem que as crianças devem escrever textos seus. As composições escritas são, habitualmente, para eles, "relatórios (de actividades)... e contas" – sobre o Natal ou as férias, por exemplo – onde, de preferência, não se deve escrever "e depois" muitas vezes (o que as torna mais difíceis).

Como é possível guardar em poucas linhas tantas aventuras? Como se pode escrever tão pouco sobre tanto? Talvez, por isso, as crianças guardem para a última noite de férias a lembrança, incómoda, da composição que teriam fazer sobre os dias em estiveram longe da escola. Deviam – certamente – falar dos deveres que faziam todos os dias antes de saltarem, em directo, da cama para os desenhos animados. Mas nenhuma criança saudável é tão responsável como os adultos distraídos imaginam.

Em relação às tarefas da escrita há, felizmente, em cada criança, um "segurem-me... que não sei do que sou capaz". Seria fácil escrever se cada redacção sobre um assunto importante fosse feita com o professor a imaginar o que os seus alunos terão vivido, e a compor, por eles, as suas descobertas. Como se as crianças "desenhassem" as histórias, quando as contam, e um professor, quando as compõe, colocasse nelas as legendas. Enquanto não for sempre assim, felizmente que os pais, receosos das repreensões dos professores, ditam (como se fosse um "relatório e contas") as composições que os seus filhos, acabadas as férias, deveriam ter construído todos os dias um bocadinho, antes dos desenhos animados...

Capítulo 5

O MELHOR DA ESCOLA

Mais trabalho não! Obrigado

As crianças não nascem para trabalhar: nascem para aprender. E se aprender encontra no trabalho um método, regras, e vivacidade, o trabalho exagerado empanturra as crianças de conhecimentos, embrulhados em stress, que são tudo o que basta para não aprenderem.

Aprender não se faz com 40 ou 50 horas de trabalho, por semana, que são os compromissos que, muitas crianças, têm hoje, repartidas entre a escola, os "tempos livres", as actividades extra-curriculares, as explicações... e os trabalhos de casa.

Talvez, diante deste exagero, devamos afirmar que as crianças trabalham demais. E, para cúmulo, sem direito a um acordo colectivo de trabalho, a comissões de trabalhadores, ou a greves de zelo... Quem as protege quando os pais rasgam o acordo das mesadas que, num acesso generoso, propuseram, sem que fossem precisas jornadas de luta ou manifestações inflamadas? Ninguém! Quem olha por elas quando a escola se preocupa que aprendam, depressinha, que uma semana tem dois dias: o «humor de segunda-feira» e o «nunca mais é sábado», em prejuízo do desejo de, nela, «nascerem para o sol todos os dias»? Ninguém! Quem cuida do seu bom-nome quando as definem como «cruéis», «aluadas» ou abelhudas»? Ninguém! E quem as toma por «cabeças no ar»: estará tomado pela inveja ou andará, porventura, de cabeça no chão?

É por tudo isso que devíamos criar um sindicato das crianças. Ou – deixem que seja um... activista - uma confederação de sindicatos ou uma central sindical!...

Aprende-se mais com tempos exagerados de trabalho? Não. Aprende-se que o trabalho maça, custa e, até, dói. Será razoável aquela infeliz invenção que preconiza a «ocupação de tempos livres» e que, no fundo, não passa de actividades escolares «parte II»? Não. Tempos livres que não sejam um irrepetível exercício de criatividade, são liberdade condicional. Terão sentido páginas e mais páginas de trabalhos para casa, todos os dias? Também não. É importante que, depois da escola, as crianças estejam obrigadas a brincar. E que brinquem tanto tempo quanto o que estiveram sossegadas... com a cabeça numa lufa-lufa, entre os «os seus botões» e a sala de aula.

Não se cresce num frenesi de casa para o trabalho e do trabalho para casa. Mas, como se tem de começar por algum lado, lutemos contra o formato XXL dos trabalhos para casa. Pelos 30 minutos de trabalhos, por dia, para que a família não ensine demais; mas para que "cheire" os cadernos. Contra as «pesquisas», quase todos os dias, que são aqueles trabalhos "só para pais" que, às tantas da noite, passam, apressados, da internet para uma tralha de folhas... assinados pelos filhos.

É por isso que, à falta de um Sindicato das Crianças, vos propomos que, de vez em quando, se cumpra um dia de greve aos trabalhos de casa. Por cinco dias de trabalho em sete dias de filho. Pelas 40 horas de trabalho por semana (com horas de brincadeira a ajudá--las). Por um mundo melhor. Com adultos e tudo.

Salvem o bicho-carpinteiro!

O bicho-carpinteiro é um animal generoso e incansável que, sem se dar por ele, encontra dentro das crianças o seu refúgio predilecto. Não se faz acompanhar de febre (como os vírus, por exemplo) nem necessita das campanhas de vacinação tão do desagrado das crianças. Embora encontre a ira digna dum «exterminador implacável» em muitos pais, professores e, até, em pediatras, o bicho-carpinteiro revela uma determinação elogiável e, em cada contrariedade, foge para as mãos das crianças e é responsável por aquele formigueiro que lhes apura a vista... na ponta dos dedos.

Ao contrário de um seu parente próximo – o gambusino – invisível como ele (mas que recolhe sorrisos divertidos e acerca do qual se recomenda, aos mais crédulos, diversas atitudes proteccionistas), o bicho-carpinteiro tem-se transformado na única espécie autóctone que merece a indiferença das organizações ecologistas. Não se transformou na mascote de nenhuma organização humanitária nem mereceu, como espécie ameaçada e em vias de extinção, campanhas planetárias de protecção, parecendo que o mundo inteiro se uniu... para o tramar.

Mas os bichos-carpinteiro também podem adoecer e ficar desgovernados. São os responsáveis por aqueles comportamentos de trabalho compulsivo de muitos adultos (que desiludem os pobre bichos porque de construtivo e de carpinteiro não têm nada) e, quando acossados, alojam-se nos dedos, embora – infelizmente – não os encaminhem para os "porquês" ou os levem a explorar "os intestinos das coisas". Antes, simplesmente, os tornam fanáticos do desporto favorito das pessoas crescidas que, a exemplo do jogging, também tem um nome sofisticado: zapping!

Mal sabem esses adultos – que tentam exterminar os simpáticos bicho-carpinteiro, querendo substituir o ruído vivo das crianças por uma ditadura de sossegadinhos – que, de tão crédulos, são eles próprios, sem saberem, uns gambusinos... em pessoa.

Rufias & Atilados

Como sabem, os adolescentes não gostam dos livros. Eles passeiam-nos; de acordo. Em geral, cheiram-nos, quando os compram, e parecem, até, dispostos a gostar deles, quando os folheiam. Olham, com cuidado, para as mochilas «com estilo», em que os levam à rua. Mas, no final, o melhor que parecem conseguir – dizem os pais – é desarrumá-los pelo quarto. Nisto de livros, como sabem, os pais andam ao engano. Não são os adolescentes que desarrumam os livros: são os livros que "arrumam" com a paciência deles. Não é que os adolescentes não gostem dos livros e não os prezem. Mas os livros não poupam nas letras, como as sms... E pesam. Demais. Sobretudo, quando se carregam às costas.

Esta versão «burro de carga», tão em voga nos tempos que correm, fica mal aos adolescentes. Todos sabemos. Embora haja quem afiance que «a pensar morrem os burros», o que torna o pensamento mais enigmático, até. Eu cá acho que se é, realmente, verdade que «a pensar morreu um burro», deve ser por trabalhar para a juventude eterna que anda por aí muita a gente a fazer de... "pavão".

A escola é assim: um lugar de contradições.

Na verdade, não há quem diga que faça mal mas, nas mãos de algumas pessoas crescidas, transforma-se num "castigo" e, salvas algumas excepções, faz com que se entre na semana com «humor de segunda-feira» e se suspire, todos os dias, por nunca mais ser sábado. Recomenda que a leitura instrói, embora haja quem garanta que... «queima as pestanas». Afiança que só se aprende com erros mas castiga-nos sempre que, à pala desse nobre desígnio, erramos outra vez. E, pior, acha que os adolescentes são, aos olhos da escola, todos iguais, embora os divida entre os rufias e os atilados.

Os rufias são, como sabem, aqueles alunos que, tendo medo da própria sombra, metem medo ao medo. Neste caso, aos professores e aos colegas que têm as famílias com que eles vão sonhando, em todos os natais. E os atilados são "animais nossos amigos" que, nesta tentação esquisita de se tomarem os bichos como topo de gama do comportamento humano (quer quando se elogiam os pais-coruja como as mães-galinha), transforma a relação como os livros num «fungagá da bicharada». Não fosse assim, não os dividíamos entre os ursos, os abelhudos, os burros e os macacos de imitação.

Ursos, como estarão recordados, são aqueles alunos que, nunca puxam pela cabeça: é ela que os estraga. Não estudam, é verdade que não têm jeitinho para jogar futebol (nem à baliza) mas, chegada a hora da verdade, aviam notas altas de fazer medo.

Os abelhudos, também conhecidos como «espertezas saloias», têm futuro garantido entre as juventudes partidárias. Piscam o olho ao professor. Às vezes, aventuram-se metendo-se onde não são chamados... E, aos olhos dos colegas, não passam de «patos bravos». Mas são especialmente jeitosos para a geometria, por exemplo, porque conseguem, aos olhos da «malta», descobrir a quadratura num círculo (que passa por fazerem pela vida estando de bem com a classe operária, que há nos amigos, e com o grande patronato, que se esconde entre os professores). Alguns abelhudos, quando crescem, "viram" pavões, o que traz mais mistério, ainda, à habilidade que os bichos trazem à transformação humana...

Os burros são os alunos (inteligentes) que têm o azar de parece-rem ter mais «jeito para a malandrice». Como se a malandrice não exigisse massa cinzenta, por exemplo... Eu acho que é por acaso... mas serão estes que, depois de uma negativa, quando melhoram as notas, são premiados com um "dois", no final do período, para se motivarem...Não é por mal, acho eu, mas porque algumas pessoas ainda pensam que a auto-estima dos alunos vai para a frente quando se puxa para trás... Ou é a dos burros?...

E os macacos de imitação, finalmente, repetem mas não pen-sam. Vai-se a ver e, se calhar, é para não correrem o risco dos asnos, que morreram de tanto pensarem... E que, quando crescem, alguns transformam-se em grandes educadores, outros, em professores irre-preensíveis, outros (ainda) descobrem a verdadeira vocação em pro-fissões onde, quando falta aquilo que levou os burros a finarem-se num instante, sobra «carisma», «espírito de liderança» e outros trejei-tos que fazem da clonagem o seu desporto favorito.

Como sabem, não morrendo de amores pelos livros, os adoles-centes até os cheiram e os passeiam, embora o melhor que parecem conseguir é desarrumá-los pelo quarto, antes que eles "arrumem" com a paciência deles.

Mas porque é que os livros não podem ser (bichos à parte) só, o pretexto para que eles descubram, em cada professor, outros exemplos do que deve ser o crescimento, para além do dos pais?...

O Direito aos Feriados

Tem-se falado, com grande insistência, desde há algum tempo, de aulas de substituição. Da parte do Governo, surge a necessidade de serem tomadas medidas que protejam os alunos do absentismo exagerado de muitos professores. Da parte destes, são frequentes as manifestações contra a sua transformação em «animadores de tempos livres».

Ao confiarem os seus filhos, por algumas horas diárias, aos seus cuidados, os pais delegam na escola um conjunto de responsabilidades referentes ao direito das crianças à educação. Se a escola não honra essa delegação de competências, expõe as crianças a maus-tratos cumulativos. Sendo assim, acho precioso que os pais (e o Estado) se preocupem com as faltas repetidas de alguns professores, porque com elas pode estar a comprometer-se, irreparavelmente, o desenvolvimento desses alunos. Mas, falando-se do absentismo dos professores, em abstracto, estaremos a ser justos com os bons professores? Não. Também por isso, não consigo compreender os sindicatos quando protegem os que faltam constantemente (que deviam chumbar por faltas), e que – muitas vezes – utilizam os orifícios da Lei que os protegem, como se se educasse com maus exemplos. Será bom que, em relação a estes, haja aulas de substituição? Não. Seria bom que, em função do seu exemplo deplorável, não fossem professores.

E as outras faltas, dos outros professores: deviam merecer aulas de substituição? Nalgumas circunstâncias. Se um professor de ciências, por exemplo, identificado com um determinado programa, puder preencher um tempo lectivo de ciências, essa diversidade pode ser positiva. Formas diferentes de pensar uma matéria podem torná-la mais aberta e mais bonita. Como pode ser gostoso que, num feriado de matemática, um professor de português ponha os alunos a sentir as operações matemáticas que há num texto ou, simplesmente, a conversá-lo. No entanto, não serão muitas as circunstâncias em que um grupo de alunos aceita um professor estranho. (Serão menos, ainda, quando ele se manifesta contrafeito.) E os ganhos dessas aulas serão abaixo de zero quando um professor se sente, unicamente, a fazer babysitting de adolescentes.

Não seria melhor reabilitarmos o direito aos feriados (já que isso pressupunha que eles existiriam só de vez em quando)? E não se ganhava mais se as escolas cumprissem as regras que a Lei obriga, para os parques e para os recreios, fazendo com que o brincar – que se ganha com um feriado – deixasse de ser uma actividade Primavera//Verão, sem balizas "flutuantes", pisos de alcatrão esburaco, e tabelas virtuais? E não era mais sensato que os clubes escolares fossem as salas de estar da escola onde, na ausência de um professor, se pudesse estar com outro que ensinasse música ou pintura, ciência, jardinagem ou teatro? E não era melhor que as salas de computadores fossem bem equipadas e que, algumas das aulas de substituição, fossem uma espécie de telescola, numa linguagem de "Rua Sésamo", via Internet?

O melhor da escola

Infelizmente, há muitos dias de escola que valem pelos recreios. É claro que era bom que o melhor da escola fossem as aulas. Mas com a discussão acerca dos períodos lectivos – ciclicamente, na ordem do dia – com o aumento do tempo das aulas, para noventa minutos e, mais recentemente, com o horário de funcionamento das escolas, até às cinco e meia da tarde, receio que voltem, não tarde muito, a estar em voga cantigas como «oh tempo, volta para trás». E compreende-se porquê: o tempo (na escola das crianças) não está para brincadeiras.

Deve ser por isso, suponho eu, que o recreio seja tão pouco acarinhado por quase todos (e, em muitas circunstâncias, seja sentido como um sinal exterior de riqueza). Não fosse o brincar um bem de segunda necessidade, e talvez o ministério da educação não o tomasse como uma actividade sazonal. E, então, talvez houvesse, em todas as escolas, por exemplo, um recreio coberto. Mas como, supostamente, a necessidade de brincar varia com as estações, será mais uma "tendênca primavera-verão"... (A versão outono-inverno do recreio supõe que as crianças talvez hibernem para o brincar. Doutro modo, não será compreensível que elas não estejam autorizadas a permanecer nas salas - quando têm feriados, e está a chover – não possam brincar à chuva nem permanecer nos corredores, o que as condena a um exercício de contenção, mais ou menos acrobático, debaixo dos beirais dos pavilhões que compõem, com uma infelicidade arquitectónica assustadora, muitas escolas portuguesas.) Para mais, havendo um diploma que define as regras de qualidade e de segurança, para os parques infantis e para os recreios, percebe-se que as regras, quando nascem, não são para (todas) as escolas. E, desde balizas que deviam estar "fora de jogo", a pisos de alcatrão (que equiparam as crianças a todo-terreno), os recreios da escola vão-se convertendo às aventuras radicais. (É que nesta ânsia de formatar jovens tecnocratas, o recreio pode, muito bem, ser pequenino. E se for preenchido por uma luta, desigual, para ver quem chega primeiro à máquina registadora, para comprar mais uns fritos de pacote e outra Coca Cola, tanto melhor.) Afinal, são muitos aqueles que dizem que a escola não está para brincadeiras...

Deve ser por isso, que aquela fantástica invenção que era um feriado esteja à beira da extinção (e se torne banal a regra de o substituir por aulas de compensação). O gostinho de trocar uma aula em falta por uma belíssima jogatana de futebol pode ter, portanto, os dias contados! Por mim, reivindico, como incentivo ao sucesso educativo, recreios maiores. Mais: estou certo que com aulas mais pequenas e com recreios maiores a escola faria melhor ao crescimento das crianças.

Capítulo 6

FUGIR PARA A ESCOLA

O purgatório dos papões

O insucesso escolar já não é o que era. Dantes, parecia ser uma qualidade mais ou menos misteriosa das crianças, como se, umas fossem inteligentes e, outras, não, sem que houvesse um critério que ajudasse a compreender como é que crianças vivas e engenhosas (quando brincam, quando se aventuram nas mais apaixonantes travessuras, ou quando reclamam aumentos generosos da semanada) se tornam íntimas do insucesso escolar.

As crianças são – quase sempre – tomadas como únicas responsáveis pelos seus insucessos. Alguns pais e alguns professores cultivam (mesmo) a ideia que, por "distracção", por "falta de estudo", ou pelo pouco envolvimento dos encarregados de educação no acompanhamento dos trabalhos de casa, os maus alunos são mais ou menos sentidos como "crianças problemáticas" com as quais pouco há a fazer. E é mau que assim seja. Não há crianças que não gostem de ganhar nos desafios da escolaridade. Mesmo quando os desdenham, como se dissessem que, se não ganham, não é porque não sejam capazes... mas porque não querem.

Os primeiros responsáveis pelo insucesso escolar, talvez sejam os maus professores. Os segundos, os pais demissionários. Os terceiros, as crianças.

Os maus professores são aqueles que dão às crianças uma nota menor em relação à que merecem... "para as incentivarem". São, também, aqueles que, numa pergunta de um exame, só toleram a solução que seja dada pelas palavras com eles a imaginaram.

Já os pais demissionários, sejam as crianças maltratadas ou abandonadas pela escola, "assobiam para as estrelas" como se o insucesso escolar dos seus filhos pouco tivesse a ver com todos os seus gestos.

São precisos muitos professores para que as crianças se apaixonem pela escola, e somente alguns para que se perca toda a paixão. Bastam alguns gestos pouco motivados dos pais para que elas se desmotivem e temam pela qualidade das competências que têm.

Crescendo num tão grande purgatório de papões, quem são as crianças que, vivendo mais ou menos de perto alguns insucessos, não fugirão para as reclamações, para o brincar, ou para as travessuras, em vez de andarem de braço dado com a escola?

O sindicato dos educadores

Noutro dia, um dos meus filhos sentou-se ao pé de mim, mais ou menos cabisbaixo. Pôs-me a mão sobre os ombros e, com um olhar de quem me dizia: «pai, está na idade de saberes umas coisas», disse-me que tinha uma confissão para me fazer. (Aconchegado sob o braço dele, qualquer confissão torna-se inofensiva...). Talvez sem dar conta, fui escutando que se tinha portado mal, e que me trazia um papelinho da professora, para que eu tivesse conhecimento que ele teria tido uma "bolinha amarela".

Não disse nada, embora tenha pensado como seria tão diferente a escola se as crianças dessem, elas também, umas bolinhas daquelas aos professores, sempre que eles não se portam bem. Mas receio que eles viessem a ter inúmeras bolas verdes, como se, com elas, os miúdos os mimassem dando-lhes a entender que as pessoas crescidas nunca... se avariam. Se fosse assim, receio que eles merecessem bolas vermelhas, bem se vê...

E o meu filho – já eu ia muito aconchegado – foi-me dizendo que o pior não seria isso, mas antes, o cêntimo que passaria a custar--lhe cada asneira, com o compromisso de, ao juntarem muitos cêntimos, no final do ano sobraria dinheiro para a turma toda ir ao McDonald's.

(Permaneci em silêncio, perguntando-me se quem imagina o crescimento mediado por bolinhas não estará a imaginá-los sossegadinhos e domesticáveis, dando um mau exemplo aos mais pequenos. Mas ele, lendo nos meus olhos a autorização por que tinha esperado, sossegou-me):

– Fixone!!! Se nós fizermos muitas asneiras, vamos mais depressa ao McDonald's!

Fiquei calado. Feliz, porque me sinto a criar um bom rebelde. Mas...calado, imaginando que não devia desautorizar a professora. Felizmente, parei. Porque havia de fazer uma frente unida das pessoas crescidas, como se fosse de um sindicato de educadores ou de uma confederação corporativa de pais? Não senhor, o rapaz tinha razão, se o problema eram as bolinhas, a professora ia na frente: merecia uma vermelha. Mas se desatávamos a dar bolinhas amarelas e vermelhas, muitos adultos ficavam... sem recreio. Que tal – disse-lhe eu – se fossemos mais espertos? O meu rebelde concordou.

Na verdade, se o problema era um BigMac, no Sábado lá iríamos. Talvez, assim, ele poupe nas asneiras, e eu... nos cêntimos. E, ao contrário do que é costume, conto, ansiosamente, os dias que me separam do hamburger e das generosas calorias do gelado.

Educar pela positiva

Ultimamente, têm surgido muitos educadores e técnicos de saúde mental recomendando que as crianças devem ser educadas para "a positiva". Receio que, dessa maneira, fique a ideia que – como quem os entretém com um rebuçado – quaisquer reforços positivos diante dos seus insucessos bastem para que um adulto, fazendo gestos extensos e prolongados, diga a uma criança: «não, não tens a cabeça a grande!» (mesmo que isso contrarie, frontalmente, aquilo que esteja esteja a sentir).

Receio, também, que "educar pela positiva" transforme pessoas saudáveis em crianças de porcelana, fazendo com que os educadores imaginem que muitos reforços positivos dados a uma criança iludam ou inibam outros sentimentos que consideram negativos (como a raiva, ou o ódio). As crianças precisam de sentir que sentimentos "maus" ou os insucessos são naturais como a sede, e fazem bem à saúde. E que educar não é, mentirosamente, aprovar tudo aquilo que não é sentido pelos educadores como indo além do razoável ou do bonito.

Nunca se educa à margem da verdade. É bom que as crianças sintam que, quando alguém não gosta do que elas fazem, é de supor que lhe mostre que pode fazer melhor. E que, no caso dos sentimentos "maus", tem de encontrar, com engenho, formas de não os reprimir, sem os transformar em "armas de arremesso".

Educar para a "positiva" não é dizer 'sim' a tudo mas, somente, aquilo que merece. É incrementar a autenticidade em vez da falsidade. É perceber que negativo é tudo o que se deixa de fazer quando alguém, ao pé de nós, diz que 'está bem' quando nos faz sentir que... está mal.

Fugir para a escola

Volto, de novo, à avaliação dos professores. Compreendo que ela não possa ser uma forma de coagir avaliações curriculares, nem deva tornar-se num modo de criar formas populistas de educar. Mas parece-me bem que, numa percentagem pequena, qualitativa e equilibrada os pais possam dar a sua opinião acerca dos professores dos seus filhos. Imagino-a como uma espécie de auto-avaliação da própria escola, útil para que ela possa monitorizar os desempenhos dos professores, a forma como fazem circular informações ou o seu exercício de autoridade, por exemplo.

Pode essa percentagem de avaliação suscitar mal-entendidos, junto de muitos pais? Pode. Sobretudo se as coordenadas desse desempenho dos pais não forem, minuciosamente, definidas. Mas a participação dos pais nos conselhos de turma, a par do que eles percebem – quando falam da escola com os seus filhos ou quando tomam contacto com os seus cadernos diários – já permite que essa avaliação se faça de maneira informal. Em sentido contrário – continuo a dizê-lo – a escola é a primeira comissão de protecção de crianças e de jovens. Isto é: a escola devia avaliar mais vezes os desempenhos dos pais, protegendo as crianças, sempre que necessário.

Essa pequena percentagem de avaliação dos professores pode ser um factor de melhoria da escola? Pode. Será o único? É claro que não. Porque será que os professores do ensino privado merecem menos comentários de reprovação que os professores do ensino público? Será porque, nalguns casos, são estranhamente generosos nas suas classificações? Sim... Será essa a regra que faz com que a avaliação dos pais seja mais generosa em relação ao ensino privado? Acredito que não. O que varia, então, entre os dois modelos? Os critérios de gestão, a avaliação dos desempenhos, e a Lei escolar, entre outros aspectos, seguramente. Por exemplo: os professores do ensino público não serão, muitas vezes, atropelados por uma gestão educativa em que o Estado, para além de definir uma política de educação, reserva para si uma tutela colectivista que atropela a autonomia de cada escola (na definição de equipas e na gestão educativa) que seria mais proveitosa para todos? Sim. Será, então, justo, tomar a opinião dos pais como uma «ameaça ao poder dos professores»? Será justo, com se disse, tomar os pais como «analfabetos»? Onde têm estado os sindicatos de professores, que não se dissociaram destas afirmações?

A escola é, sem dúvida, a invenção mais bonita da Humanidade. Uma escola para todos – a mais revolucionária. Mas talvez o modelo de escola de há 200 anos esteja, em quase toda a Europa, a merecer uma profunda transformação. Uma escola melhor deve adequar-se às crianças, informadas, do século XXI, aos pais que exigem comparticipar em todos os actos educativos dos seus filhos, e a professores que gostam de servir de planalto de onde se veja melhor o mundo e a família. Um dia, acredito, ainda haverá crianças que fujam para a escola

Os Bons Professores

Talvez os melhores professores das crianças sejam os irmãos mais crescidos. É com eles que aprendem, sem que tenham de os escrever vinte vezes, os palavrões interditos: Dizem, por eles, que a resistência (dos pais) não passará, e confortam-nos dos males de amor, com o pressuposto de que os seus ídolos têm sempre razão.

Os irmãos mais crescidos são tão bons professores que os mais pequenos nem necessitam de aulas de compensação para que os pais reconheçam que têm a "escola toda" (e dêem a entender que, de ensino básico, pelo menos nalgumas matérias, eles estão "aviados").

No quadro de honra dos bons professores, a seguir aos irmãos, estão os amigos. Compreende-se. Com eles podem-se pôr dúvidas que um amigo nosso gostaria de ver solucionadas (sem que eles percebam que estamos a falar de nós), não se tem de levantar o dedo na falta de privacidade da sala de aula para saber as diferenças entre andar e namorar, e não são necessários trabalhos de casa (porque, geralmente, se não for no caminho para a escola, as dúvidas se resolvem no recreio).

Talvez nem os irmãos nem os amigos se melindrem mas, em verdade, contando que não ouçam, os bons professores não são importantes. Mesmo se forem crescidos e que, fora do recreio... façam de professores.

Os bons professores não ficam em nós pela correcção da pedagogia, nem pelo método com que, sem hesitarem, terão percorrido, da primeira á última, as alíneas do programa. Os professores que garantem, nos poucos meses de ano lectivo, um lugar no nosso coração, não são professores: são da família. Não são "uma espécie em vias de extinção": gratificam-se com o afecto com que as crianças retribuem os seus gestos, mesmo quando, no desespero de uma insurreição, deixam de ser "bacanos", "fixes", ou "porreiros", e explicam (com uma "chapada" à turma, se for preciso) que as pessoas a quem dizemos 'sim' são aquelas que não se inibem, sempre que "tem de ser", de nos dizer... 'não!'.

Capítulo 7

A AUTORIDADE

Os agentes da autoridade

Se alguém tinha dúvidas acerca do modo como muitos avós eram, como pais, autoritários, basta vermos como os seus filhos – hoje, fazendo de pais – têm medo de exercer a autoridade e confundem (tantas vezes) autoridade com autoritarismo. E, para não correrem o risco de expor as suas crianças à opressão que sentiram, quando eram pequeninos, dizem «não!» – aos seus filhos – tão a medo, e com tamanha delicadeza, que o resultado disso é o "regabofe" com que esses miúdos infernizam, como pequenos tiranos, o embaraço dos pais.

Não estou, com isto, a favor das «crianças exemplares». As crianças só são exemplares quando são filhas de pais tirânicos. E, quando se tornam pais, ou se vingam de tudo o que não puderam fazer (e, como pais, continuam «exemplares» e tomam todos os que não estão, sempre, consigo... como se estivessem contra si), ou vivem tão presos às experiências que os atormentaram que, logo que têm filhos fazem... de filhos (imaginam cada «não, porque acho que não!» como um traumatismo... e o resultado é uma "democracia do proletariado" lá em casa).

A autoridade faz bem à saúde. Constrói-se de bons exemplos; orienta e protege. O autoritarismo confunde e revolta. A autoridade é um «faz aos outros o que gostas que te façam a ti»; o autoritarismo um «olha para o que eu digo, não olhes para o que eu faço». A autoridade supõe que alguém decide, depois de escutar, por si e por quem confia em si. O autoritarismo é uma forma de não escutar... nem a insegurança que se esconde na intolerância. Isto é, a autoridade é um bom senso que aproxima; o autoritarismo uma vaidade que amesquinha.

Mas, apesar disso, muitos pais – como outros agentes educativos – esquecem que a autoridade é o resultado da inteligência e da bondade. É um atributo que se reconhece. Nunca, uma qualidade que se exiba...

Receio, por isso, que quaisquer gestos do género «agora, quem manda sou eu!» (sejam alguns exercícios de poder, ou muitos gestos educativos, na família ou na escola), parecendo autoridade, não passem de puro autoritarismo. Não pelo «quem manda»; mas pelo sôfrego «agora!». E, das duas, uma: ou quem o faz ainda não reparou que a Lei são duas intenções de justiça casadas num mesmo gesto, ou imagina, definitivamente, que os outros não deixam de ser um "rebanho intimidado" de tolos. Pois é: a autoridade é um gesto (recíproco) de justiça que resulta de uma ideia de lei; o autoritarismo uma omissão que emerge da falta de justiça e de lei. Sendo assim, acho que muitos agentes da autoridade (sejam políticos, magistrados, professores... ou pais) se atrapalham, continuadamente, em maus exemplos que não são mais que exercícios (autoritários) – em português suave – dignos de... "foras-da-lei".

Crise de Autoridade?

1

Quando se fala das regras de uma família, a mãe e o pai nunca são Dupond e Dupond. Aliás, as crianças não precisam que os limites que a mãe e o pai definem sejam, milimetricamente, iguais. Limites um pouco diferentes, dentro da mesma regra, ajudam as crianças a crescer melhor. Mas é importante que – em relação ao deitar e às refeições, a propósito da higiene ou acerca de outras regras consideradas essenciais – entre as regras da mãe e as do pai, as crianças consigam calcular um mínimo denominador comum. O que, muitas vezes, parece ser, para todos, um quebra-cabeças.

O que faz com que tantas crianças pareçam viver numa "democracia do proletariado" onde os pequenos parecem mandar nos grandes? Em primeiro lugar, a infância de muitos pais, que terão tido pais que, nos gestos mais familiares ou nas frases intempestivas, terão sido mais autoritários do que as suas atitudes sociais levariam a supor. Terá sido de tal forma assim que hoje, nos seus gestos parentais, estas pessoas continuam a ser crianças assustadas, com medo de dizer: «não!» (como se os filhos fossem os seus pais). Em segundo lugar, a democracia familiar em que, felizmente, vivemos, que faz com que os pais confundam a igualdade de direitos diante de uma mesma lei com a versão populista de «pais bonzinhos», legitimada nas alíneas A e B e C com que pretendem justificar, à exaustão, cada uma das regras que pretendem fazer cumprir.

As crianças não precisam só de regras, mas de uma lei familiar. A lei familiar assenta numa ideia do que é permitido, dos limites que não se podem transgredir e das consequências que isso supõe. Não há autoridade sem lei. Desde que a lei seja igual para todos, se ganhe e se legitime pela autoridade dos bons exemplos. Ora, é aqui que tudo se complica. Na maior parte das vezes, numa família, há a lei dos crescidos e a lei das crianças e, como se não chegasse, por vezes, há a lei do pai e a lei da mãe. E há, ainda, a lei dos avós (de todas, a mais apetitosa). Por outras palavras, muitas famílias tentam fazer cumprir regras, mais ou menos avulsas, à margem de qualquer ideia de lei. É uma anarquia, portanto!

Como a autoridade resulta dos bons exemplos dos pais, uma família sem lei é melhor ajuda ao poder paternal. Isto é: quando os bons exemplos dos pais não abundam resta a idade, como posto hierárquico, ou a força dos crescidos como os argumentos a que deitam a mão sempre que são apanhados em falta. E, sempre que o clima ainda não se inflamou, sempre há o recurso aos bons conselhos (que são uma habilidade dos crescidos sempre que dão maus exemplos). Muitos maus exemplos, como sabe dão origem a uma cascata generosa de bons conselhos.

As crianças são amigas da lei e respeitam os bons exemplos com que legitimam a autoridade dos pais. Autoridade vem de um verbo latino que significa «ajudar a crescer». Autoridade é, portanto, bondade. Os pais, ao contrário do que dizem, é que talvez estejam numa enorme crise de autoridade.

2

Será a boa educação estranha às obrigações da escola para com os alunos? Não. Para muitas crianças, a boa educação – como experiência inovadora – surge, pela mão dos professores, sempre que introduzem um conjunto de regras que os pais parecem não conseguir implementar com serenidade e com firmeza. Para outras, a boa educação expande-se na convivência entre crianças de diversas estratos sociais, com experiências de vida muito diferentes e com valores que se matizam uns aos outros. Mas, para todas, a boa educação surge no pressuposto de que os professores são um reservatório precioso de conhecimentos e de gestos cívicos que, na diversidade dos seus actos, introduzem um mínimo denominador comum de regras que dão pluralidade e bom senso às relações das pessoas e entre elas e o conhecimento.

Estará a boa educação separada do exercício da autoridade? Não. Educar não supõe reprimir, no sentido de espartilhar, mas balizar a expressão emocional – com algumas regras – de maneira a que nada do que se sente deixe de ser expresso. Com a particularidade dos alunos se desdobrarem na tarefa de a monitorizar (ao mesmo tempo que a põem em marcha), e os professores de a demonstrar (ao mesmo tempo que deliberam, com coerência, as consequências que resultam da sua transgressão). A autoridade é, portanto, um exercício fundamental de uma relação democrática, inerente ao exercício da boa educação.

Será, então, correcto que os professores confundam autoridade com poder e, mesmo que não legitimem as suas exigências com os bons exemplos que ela exige, se coloquem num atitude ora mimada ora ditatorial, diante dos seus alunos? Não. A boa educação não se aprende num clima onde prevaleçam a intimidação e as represálias.

Será tolerável, numa escola amiga da boa educação, que os alunos ousem ser insolentes para com os seus professores? É recomendável! Porquê? Porque ao "pisarem o risco" estão não só a tentar perceber a boa educação que prevalece numa relação, como estimulam um professor a não desistir de se assumir como o seu mais generoso guardião.

Será um insulto um exercício de insolência? Não! Um mau-trato verbal a um professor, seja qual for a proveniência social dessa criança, é um acto de enorme gravidade que não pode deixar de ser, imediatamente, punido (não só repreendido) como deve merecer uma sinalização imediata dos seus pais numa comissão de protecção de crianças e de jovens em perigo. Tudo o que seja mais do que um mau-trato verbal (seria escusado dizê-lo) deve merecer medidas sempre mais severas (sobretudo para a família dessa criança) que – pelos maus exemplos que estimula (mesmo que o faça por negligência) – não pode tê-la à sua guarda. Esperar por uma punição meses a fio é o mesmo que recomendar que se exerça a autoridade e, ao mesmo tempo, retirar à escola qualquer tipo de legitimidade para a promover.

A disciplina faz mal à saúde

Isabel Stilwell (IS) – O que é a indisciplina? Para que é que serve?

Eduardo Sá (ES) – A disciplina é aquilo que fica quando a Lei é mais igual para uns do que para outros. A Lei pressupõe um conjunto de regras claras, aceites por "miúdos e graúdos", e pressupõe um acordo comum sobre o bom senso. Pressupõe, ainda, que a autoridade se reconhece a quem, com clarividência, com serenidade, e com firmeza, se dá como exemplo daquilo que espera. Isto quer dizer, que a Lei vem de dentro para fora e, nunca, de fora para dentro, e representa um "olha para o que eu digo **e** um olha para o que eu faço". Já reparou que a disciplina é tudo o que fica quando falta a Lei?

Por outras palavras: uma criança que cresça com a Lei dos pais (e todos sabemos como a Lei do Pai, a Lei da Mãe, e a Lei dos Avós fazem alguma diferença...) transpõe para as relações com outras pessoas crescidas a mesma forma de estar. Daí, desculpe a extensão das resposta, é fundamental que façamos uma distinção entre as crianças e os jovens sensatos e justos que, em muitas circunstâncias, se tornam indisciplinados quando sentem alguns professores como "foras-da-
-lei" a desempenhar o papel de xerifes, ou quando sentem "professo-
res à beira dum ataque de nervos" tentando domesticá-los antes de lhes darem seja o que for, dos jovens que foram crescendo mais ou menos doentes (pela demissão das suas famílias em relação ao seu crescimento) e que se vingam do que não têm chegando â escola e tirando paz, atenção, e bem-estar a quem as tem. A Lei é, portanto, uma troca: eu faço-te a vontade e, em troca, gostas mais de mim. Ao contrário, a disciplina é aquilo que se exige sem de dar. Sendo assim, a Lei ajuda a crescer e a disciplina faz mal à saúde.

IS – O nosso ex-ministro Marçal Grilo usou como título para o seu livro de memórias uma frase que ouviu uma professora que se queixava de que o difícil era sentá-los? Porque é que eles não querem ficar sentados?

ES – Porque só se aprende com "a vista na ponta dos dedos", explorando "os intestinos das coisas", e a perguntar porquê. Aprender é estar vivo, transportando para o corpo a vivacidade que se passa dentro do pensamento. Como é possível que crianças apaixonadas pela vida sejam sossegadinhas? Elas tentam, generosamente, mas, como sabe, quem paga são as unhas, os lápis e as borrachas que elas róiem. Mas deixe que faça outra distinção: quando um professor cativa a atenção das crianças "não se ouve uma mosca". Isto é, as crianças atentas parecem sossegadas, enquanto que as crianças sossegadas só têm atenção para a exigência de sossego dum professor, daí que não possam ir pensando à medida que ele pensa.

IS – Kant dizia que as crianças iam para a escola, não para aprender "matéria", mas para aprender a aprender... É isso?

ES – Aprender não é transformar o saber numa arma de poder, mas, através da sabedoria, é tolerar a ignorância. As aulas não servem para dar matérias, mas para ensinar a pensá-las; não prestam para dar respostas mas para porem em dúvida. Um professor não nos dá um mapa dum tesouro: dá-nos um norte. E torna-se importante não só porque nos ensina uma matéria, mas porque nos demonstra que vale a pena aprendê-la. Tanto é assim que as matérias de que mais gostamos têm sempre a ver com professores que, pela seu encantamento junto de nós, nos desvendaram mundos novos.

IS – E porque é que um miúdo pode não querer aprender? Porque a recompensa é a longo prazo e ele está habituado a que seja a curto?

ES – Porque entre as dúvidas acerca da matemática e as dúvidas acerca de quem gosta de quem lá em casa, as segundas são mais importantes. Porque, em vez de um professor, sente um "doberman" estimulando pelo medo a ousadia de pensar. Porque, aprenda ou não aprenda, o professor ou os pais o premeiam com um enorme "tanto faz". Porque não aprender é uma batotice do género: "ao menos, se não tentar, sempre me protejo com a ilusão de que, se quisesse, ganhava sempre".

O que muitos pais e muitos professores não querem aprender é que educar não é domesticar. E que uma criança é pequenina mas não é parva: não é uma recompensa que a faz aceitar que a adestrem. Quer mais. Aprender é trocar um gesto de amor.

Como vê, sempre que os educadores estimulam as crianças para as habilidades, a troco de alguns rebuçados, elas mandam-nos fazer eles. Isto é, para as crianças aprender é mais sério e muito menos descartável do que para muitos adultos.

IS – A disciplina pode libertar – quer dizer se automatizarmos uma série de gestos, ficamos com mais espaço e tempo para pensar em coisas mais divertidas?

ES – A autoridade liberta, o poder reprime. Mas, relembro, a autoridade é o telhado da Lei, enquanto que a disciplina é uma casa que se começa pelo telhado.

IS – Porque é que temos tanta dificuldade em impôr disciplina, porque é que preferimos – como uma vez me disse – ser mais polícia do que legislador?

ES – Não é bem assim. Muitas vezes somos só polícias. E isso é mau. Mas se formos polícias por um tempo, será adequado. Primeiro, porque somos só pessoas e, às vezes, andamos de cabeça cheia, e não resistimos a uma boa luta. E, depois, porque sermos polícias em função de uma Lei é muito melhor do que – como em muitos países diferentes do nosso... – haver muitas Leis porque não há um bom senso que as una. Sempre que "cada cabeça é uma sentença" o que me preocupa não é que não se saiba "onde pára a polícia", é que atitudes muito policiadas escondem a ausência duma ideia de Lei.

Sempre que somos mais polícias do que legisladores, numa relação educativa assustamos porque nos sentimos assustados. E isso é... do pior!

IS – É evidente que os professores fazem, em geral, o melhor que sabem. Mas o que é que não sabem e deviam saber?

ES – Muitas vezes não sabem transformar os seus conhecimentos num jogo de encaixe. Esperam mais que as crianças acompanhem o seu pensamento do que tentam perceber como elas pensam. E esquecem, sobretudo, que não há nenhuma criança que aprenda sem perceber para que é que isso serve. Deviam saber, ainda, que todas as escolas são jardins de infância e que sempre que aprender e brincar não seja igual é porque educar se transforma num castigo. Finalmente, nunca deviam esquecer que aprender não é a conquista de um aluno mas uma descoberta a dois, entre uma criança e o seu educador.

IS – Se o parlamento aprovar a proposta de lei do Ministério da Educação as penas para os indisciplinados vão ser muito mais fortes, num caso extremo prevêem mesmo a expulsão da escola e a impossibilidade de matricula no ano seguinte – isto com alunos com menos de 14 anos. É por aqui o caminho?

IS – Tenho, como sabe, vindo a alertar que o Estado tem tomado medidas absurdas ao separar crianças em perigo de crianças perigosas. Ao fazê-lo, é como se desse a entender que as crianças perigosas merecem penas de prisão (algumas de alta segurança) assumidas, cobardemente, como se fossem medidas educativas. É claro que uma criança que bate num professor, ou que, como aconteceu há tempos, leva um revólver para a escola, é uma criança muito doente que, em circunstância alguma, deve ser deixada ao abandono. Mas, retirá-la da escola é abandoná-la muito mais. E, pior, é castigá-la pela negligência dos seus pais e todos os agentes educativos que foram acompanhando o crescendo dos seus actos, "assobiando para o ar". A quem serve confundir algumas crianças muito doentes com todas as outras da idade delas? Porque é que, demagogicamente, se castigam as crianças enquanto os seus pais que, na melhor das hipóteses, as maltrataram por negligência, dão entrevistas, vitimizando-se, nos horários nobres das televisões?

Um Estado que castiga as crianças pelos actos dos seus pais deveria prender os filhos sempre que os pais cometem delitos. Mas esse não é um Estado de direito. Uma ideia de justiça pressupõe que os pais devam ser responsabilizados pela conduta dos seus filhos. Ou será que uma lei que castiga as crianças pela negligência dos seu pais protegerá muitos pais que irão votar essa lei?

IS – O que é um aluno indisciplinado? O "conceito" é pacífico?

ES – A indisciplina é uma batotice atrás da qual se escondem os alunos insolentes, os alunos doentes, os alunos vivos, os alunos inteligentes, etc.

Muitas vezes, a verdadeira indisciplina vale tanto como a febre: pressupõe que "alguma coisa" dentro dum aluno, ou na relação duma turma com um professor que, não está bem. Se reparar, e reafirmando a gratidão aos professores pelo papel que desempenham no crescimento dos nossos filhos, porque é que, quando se fala da indisciplina dos alunos, raramente se diz que há professores com quem eles são muito mais indisciplinados do que com outros?

IS – Há mais alunos indisciplinados do que havia?

ES – Se as escolas insistirem em achar que crianças que dispõem, cada vez mais, de melhores pais, e estão mais abertas a janelas de conhecimento estimulantes e interactivas, devem ser crianças sossegadas diante de métodos de ensino pouco audio-visuais ou perante manuais que têm pouco a ver com revistas, então talvez haja, felizmente, mais crianças indisciplinadas. Porque a indisciplina de muitas delas talvez sirva para deixarmos de improvisar um professor em cada licenciado desempregado, para fazer com que os pais deixem de ficar à porta da escola e sejam bem tratados por ela, para transformarmos uma escola com um ideal tecnocrático de formação num espaço aberto (em primeiro lugar) para a formação humana, e para que deixemos de neglicenciar os recreios e os tomemos como salas-de-aula da vida.

IS – Porque há mais alunos na escola, porque antigamente só estavam na escola os alunos que de facto queriam aprender, porque...

ES – Antigamente, as crianças cresciam confundindo medo e pânico dos pais com respeito. Eram crianças que viviam a escola como um purgatório por onde tinham de passar antes de se tornarem crescidas. Hoje somos mais livres. E, ao contrário do que muitos adultos imaginam, crianças compulsivamente disciplinadas são crianças que fazem batota com a vida.

IS – A primeira reacção é dizer que é culpa do professor – sempre, nunca ou às vezes?

ES – Às vezes.

IS – O Ministério da Educação pede penas mais duras para os indisciplinados – que vão até à possibilidade de expulsão da escola só podendo matricular-se de novo um ano depois. A política do medo resulta?

ES – As ditaduras escondem sempre a ideia de que a vida, sem regras opressivas, se transforma num caos. A vida ensina-nos o contrário: cresce, sempre, para níveis de complexidade mais harmónicos, mais evoluídos. Daí que, em vez de se inventar uma nova escola, se tente reabilitar a "velha disciplina", é um "oh tempo volta para trás" que nos deve levar a pensar que adolescentes e que maus alunos da vida terão sido estes legisladores.

IS – Há quem acuse o Ministério de optar pela via dura porque lhe sai mais barata do que a outra, que seria, por exemplo, mais professores para acompanhar os alunos difíceis ou com dificuldades de aprendizagem. Será assim?

ES – Acho, sinceramente, que sim. E um Ministério que se comporta como um aluno que copia e repete, não pensa. Está a ver como, muitas vezes, os alunos disciplinados me preocupam mais?

IS – Diria que os professores precisam de sentir que têm "mecanismos" para se imporem, para se sentirem mais seguros de si?

ES – Diria, antes, que não há pior insegurança do que aquela que mascara as nossas inseguranças de omnipotência.

IS – Os professores dizem que são os pais que não os educam, os pais, que são os professores que não sabem ensinar. Os alunos aproveitam-se da discórdia?

ES – Os alunos, sempre que fogem para a frente, tentando perceber onde é que pais e professores se acertam num conjunto de regras, magoam-se muito mais do que o triunfalismo de alguma indisciplina fará supôr. Mas, repare, sempre que os pais e os professores apontam a culpa... dos outros, talvez estejam a dar o mau exemplo de, sempre que erram, se fazerem de vítimas, não se perguntando onde começa a responsabilidade deles.

IS – Dizia Marçal Grilo, ex-ministro da Educação: "A ideia de que a educação são os meninos a saltar e os cavalos a correr (...) não é verdade. A educação e a aprendizagem sobretudo, é esforço, é trabalho, é muitas vezes sacrifício?". Será que levámos os nossos meninos a acreditar que se conseguia aprender sem esforço? Será que estão demasiado habituados à recompensa rápida e quando não a encontram desistem?

ES – Aprender faz-se sem esforço. Vai zangar-se comigo mas, deixe-me distinguir três noções importantes: a determinação, a fé, e o esforço. Uma criança que foi conhecendo melhor os pais e o mundo dentro de si e à sua volta, é uma criança que tem fé no conhecimento. Pode não perceber muito bem todos os pormenores da sua validade, mas intui que vale a pena, e apaixona-se por ele. Uma criança que sente que, quanto mais conquista, mais os pais e os professores a animam a descobrir e a pensar, ao senti-los motivados em relação a si, sente motivação e torna-se determinada. Uma criança que não sinta nem fé nem determinação torna-se esforçada. ... "É a vida !...."

A crueldade

É relativamente comum que, a propósito da disputa de um brinquedo ou um de um mexerico escolar, entre crianças, haja quem afirme – de forma enfática e segura – que elas são muito cruéis. Por vezes, prevalece uma legenda mais suave a propósito destas quezílias, quando alguém desabafa que as crianças são «muito mazinhas» umas para as outras. Em quaisquer uma destas circunstâncias, sobressai o tom – condescendente mas acusatório – com que este argumento é jogado, como se, ao contrário das crianças, as pessoas crescidas primassem (entre si) pelos actos bondosos e pela lealdade.

É verdade que as crianças são, por vezes, cruéis umas para as outras? Sem dúvida. E essa crueldade pode magoar muito de forma a que perdurem, pelo tempo fora, as cicatrizes desse sofrimento. Sejam alcunhas como «bucha» ou reparos em relação à pobreza ou a comportamentos dos pais, que despertem vergonha, por exemplo, e a crueldade deixa uma nódoa difícil que não só nunca mais sai como, ainda, condiciona muitos movimentos do seu crescimento (que se fazem, muitas vezes, na expectativa de vingar, pela vida adiante, essas dores que amesquinham e amarfanham devagar). Embora tenhamos de separar um acto cruel isolado (que será um analgésico momentâneo para uma dor aguda, que está ao acesso de todas as crianças) de uma crueldade continuada, é bom que se assuma que os pais deveriam chegar-se à frente e, nessas circunstâncias, proteger, proteger, proteger os seus filhos. Até porque a crueldade continuada supõe a má educação com que outros pais (que, muitas vezes, reclamando «princípios» e um ror de exigências, de forma altiva ou arrogante, em relação aos filhos dos outros) infernizam a vida de tantas crianças. Mas como os pais não podem estar em todos os sítios ao mesmo tempo, (e como as crianças, quando sofrem para dentro) são, às vezes, tão inacessíveis ao "sexto sentido" dos pais) receio que alguma desta crueldade sobreviva na relação entre as crianças. No entanto, a crueldade não é, ao contrário do que essas afirmações possam fazer crer, a imagem de marca das crianças. Pelo contrário, sobressaem entre elas inúmeros exemplos de solidariedade que muitos adultos só teriam de forma calculada ou comiserativa. Reafirmo: a crueldade das crianças resulta da maldade dos seus pais! As crianças só magoam quando são magoadas, só amesquinham quando se aliam a um pai desqualificante, só agridem quando precisam de se vingar por todos os seus apelos ao apego insatisfeitos.

Por que motivos, então, é que, sem tomarem medidas educativas que as orientem (e as protejam, também, dos pais que as educam com maus exemplos), os adultos preferem slogans como: «as crianças são muito cruéis» ou são «muito mazinhas» umas para as outras? Porque, enquanto chamam a atenção para o mal que elas fazem se distraem da forma como são cruéis pelas costas, cruéis mascarando a maldade de benevolência, ou cruéis vestindo a violência com princípios invioláveis. E porque, com a vergonha de assumirem a vaidade de serem melhores, o melhor que conseguem é chamar a atenção para a falta de qualidades de todas as crianças.

Bullying

Têm-se multiplicado, na imprensa, vários artigos sobre o bulliyng. A este propósito, têm sido recordados um estudo da Deco (em que se refere que ser gozado ou discriminado são duas das principais causas de ausência escolar para 38% dos alunos, representando as ameaças e o medo de retaliação ou de vingança 28 e 22% desse valor), e os números adiantados pelo Ministério da Educação (que, no ano lectivo passado, registou mais de 1200 agressões dentro das escolas).

Serão bulliyng todas as ameaças e todas as agressões que se passam no meio escolar? Não. Mesmo não sendo, porque é que há crianças que agridem numa escola? Porque são saudáveis. E – em vez de se amesquinharem pelas costas ou de serem, friamente, destrutivas – quando se sentem magoadas, reagem pondo a agressividade na ponta da língua ou "sacudindo o pó" a algum colega. Agredir faz bem à saúde? De certo modo, sim. As crianças que «não partem um prato», quando crescem, são mais violentas, porque nunca formataram a agressividade no realismo de que «quem vai à guerra, dá e leva», nem a transformam em "recursos calóricos" (de enorme utilidade para implementar a ambição ou a perseverança). Ainda assim, os recreios são um espaço de pedagogia que não devia excluir nem professores nem outros técnicos como mediadores da relação entre os alunos (e entre eles e a agressividade).

Não será que – em relação às crianças que se sentem magoadas na escola, pelos colegas – os pais não andarão demasiado distraídos? Sem dúvida. Na medida em que talvez atribuam as flutuações do humor de uma criança, as suas retiradas para silêncios mais ou menos inacessíveis, e os seus acessos vulcânicos de ira muito mais a caprichos misteriosos de mau génio do que a formas de falar (em "português só para pais") do sofrimento.

Mas nem sempre os episódios de agressão preocupam por quem agride. Às vezes, são mais preocupantes as crianças que – pela forma como mendigam a atenção da professora, sendo (por exemplo) "queixinhas" – se põem a jeito para que os colegas as detestem. Ou algumas que, ao sentirem-se feias, por dentro, parecem despertar – dos pequenos e dos graúdos – um sentimento do género: «bate-me que eu agradeço»! (Há crianças que "precisam" de se sentir martirizadas para com isso limparem muitas nódoas sem solução que trazem coladas ao coração.)

Voltemos ao bulliyng, e tomemo-lo como sinónimo das agressões continuadas que um aluno ou um grupo deles, capitaneados por um líder, exercem sobre uma mesma criança, durante um período continuado de tempo. Porque é que acontecem estes episódios? Porque há miúdos que se vingam nos colegas da forma como são aterrorizados pelos pais. Ou porque, não suportando a inveja, a concentram no desdém. Em relação a estes actos – só a estes – é fundamental que os assumamos como sinais de pré-delinquência. E, como casos de polícia, a responsabilidade por todos eles tenha de ser repartida pelos pais do agressor e pela escola onde a agressão cumulativa se repete.

Os encarregados de educação

A educação cabe ao pai como à mãe, aos avós como aos professores, e, até, às próprias crianças como aos seus amigos. É razoável que de tantos participantes se eleja um para representar os interesses da criança, mas torna-se estranho que a escola, reconhecendo e aceitando que é assim, quando se trata de avaliar a educação das crianças, mal o ouça e as penalize só a elas. Talvez, por isso, a expressão "encarregado de educação" seja uma invenção infeliz da "evolução". Transforma a educação numa tarefa como se fosse um encargo e não lhe dá o aroma de um desafio essencial para a educação dos pais, da qual não lhes faria mal se também fossem avaliados.

Na geografia da educação, o encarregado de educação é um... tucano. Dá um colorido exótico ao ambiente pedagógico mas tem um papel irrelevante no equilíbrio ecológico da escola. Talvez por isso, a escola trate, tantas vezes, o encarregado de educação como trata as crianças: imagina-o com uma debilidade congénita que o impede de perceber o óbvio, e atribui-lhe inúmeros trabalhos de casa. Mas trá-lo pouco à escola e não lhe permite, com abertura, que passe de avaliado a avaliador (das competências escolares dos professores, dos desempenhos das comissões executivas, ou do bom senso que, por vezes, parece ser uma "espécie ameaçada de extinção" nas relações educativas).

É verdade que também existem encarregados de educação mal educados e, alguns (dentro desses, imagino), reclamam que a escola é que educa as crianças, o que leva a que todos os elementos da categoria dos encarregados de educação sejam penalizados, com demagogia, pela insensatez desses "mutantes".

À parte disso, os encarregados de educação devem repreender a escola, sempre que ela dê maus exemplos aos seus filhos (quer se trate de faltas repetidas de professores, como quer da Lei com privilégios e atenuantes das pessoas crescidas, tão diferente da dos Alunos, que faz com que esta pareça um Direito menor).

Os maiores adversários do encarregado de educação são os "pais certinhos", que se comportam como os alunos de que alguns professores tanto gostam: silenciosos, bem comportados diante de tudo o que as pessoas crescidas decidem fazer, e abnegados perante os exercícios de poder com que alguns professores confundem as relações pedagógicas. E todos os outros que desconhecem que haverá uma ementa de sucesso para a educação: o mais possível de colo e autoridade "quanto baste".

Capítulo 8

A IGNORÂNCIA E A ESTUPIDEZ

Ensaio sobre a ignorância e a estupidez

1

A tranquilidade dos ignorantes

A ideia que temos dos mestres é que, porque sabem muito, conhecem melhor a sua ignorância, toleram-na mais e, por isso, tornam-se tranquilos. Percebem que, por muito grande que seja o seu conhecimento, ele nunca será a Torre de Babel. Sendo assim, em vez da infinitude do céu, olham na direcção do seu espaço interior, e resignam-se a ser quem são (o que é difícil, porque a sua ignorância começa aí).

Sabemos que os mestres se distanciam dos charlatães porque, para estes, conhecer e ser são duas parcelas distintas da mesma personalidade e, para os mestres, conhecer é indissociável de ser.

Os mestres não são todos os professores, nem aqueles a quem, incompreensivelmente, se atribui o grau de mestre. São aqueles junto de quem nos inquieta o modo como são coerentes, e como nos mobilizam, simplesmente, porque nos recordamos deles, com afecto, muitas vezes.

São mestres porque nos ensinam que essencial à vida é a experiência, e não a escola, e que esta nos dá, simplesmente, alfabetos importantes para lermos a vida melhor. Da adolescência, mais do que a ilusão de mudar o mundo, guardam a resignação de se transformarem no que são, e da sua tranquilidade para connosco podemos aprender que se transformam sempre que se tornam mais iguais a si próprios.

Como disse noutro local:

«Ser inocente é ter um olhar longo e aberto, mas ser pequeno. É estar – ombro a ombro – com todo o universo e ser grande, ter brilho e voz (e vida) só porque se é precioso para alguém. Ser inocente é deixar que a beleza nos atropele, um ror de vezes, a razão. E sempre que isso se descobre, nunca prometer que se deixa de escutar, primeiro, o que se sente. Ser inocente é estar aberto. Mesmo que isso crie um burburinho, e ponha tanto em dúvida tudo aquilo que supúnhamos saber. E mesmo que, nesse rebuliço, o coração se engasgue e cocabiche. Talvez, por tudo isso, só os sábios sejam inocentes. E, por mais que nos comova a sensibilidade em tudo aquilo que eles sabem, é o encantamento com que deixam que a vida os corteje que nos toca.»

2
A estupidez e a ignorância

Vai uma longa distância entre a ignorância e a estupidez. A ignorância inicial tem a ver com a calma da relação do bebé entregue ao seio da sua mãe, olhando-a nos olhos e, a partir deles, lendo o mundo pelos afectos que "vê" neles. Mais tarde, quando o bebé é capaz de guardar essa relação dentro de si, a calma transforma-se em tranquilidade (com que ele tolera a inquietação e o desassossego), continuando, ao crescer, a ver o mundo através dessa matriz "quase divina". Já a estupidez é a incapacidade de se olhar com olhos de ver, e está associada à rigidez interior de não suportar a ignorância, porque ela desperta angústias impensáveis. A estupidez traduz-se, na relação, pela arrogância; a ignorância, pela curiosidade. Daí que se diga que os ignorantes falam das dúvidas, e que os estúpidos falam de si.

Sempre que a mãe pode adivinhar o seu bebé, ele é curioso. Com a curiosidade, ele inibe o medo e, a partir dela, tenta conquistar o escuro (associado ao desconhecido, à angústia, ou à tristeza), com a luz do olhar de quem foi "lido" «com olhos de ver». Ou seja, a relação com o escuro faz-se através do brilho do olhar dos pais: eles não dão à luz um bebé; dão-lhe luz. A partir dela, a realidade das coisas e a dos outros, sendo-lhe estranha, torna-se objecto da sua curiosidade; deixa de estar "às escuras" para dela passar a ter "umas luzes", até ficar às claras ("iluminados") com o encanto das "ideias luminosas".

«Aprender sobre o mundo» e «aprender com a experiência» – como Bion distinguiu – equivale à distância entre o conhecimento epidérmico (que não tolera que o mundo, de cada lado que se leia, origine um ponto de vista), e o conhecimento como experiência interior e íntima (associado à tranquilidade de suportar que crescer é aprender a viver com a ignorância). «Aprender sobre o mundo» é uma forma de viver com o ódio; «aprender com a experiência» é uma forma de viver com o amor. Isto é, os estúpidos têm uma relação odiosa com a ignorância; os ignorantes, uma relação curiosa e tranquila com ela.

3

Lilliput e os dragões

Conta-se que os cartógrafos traçavam em linhas, rotas e lugares que navegadores e outros viajantes, em relatos, lhes traziam. Desses sítios para além – dizia-se – aguardavam-nos dragões. Os dragões, "guardas de fronteira" do conhecimento com o medo do desconheci-do, sustinham a curiosidade. Conforme as épocas em que nos deten-hamos, vimos-lhes metamorfoses: o Diabo, na Idade Média, ou o Gigante Adamastor, na empresa dos Descobrimentos.

Parte-se para a conquista do desconhecido na medida em que a curiosidade inibe o medo. E, se a enorme distância que já nos separa do homem de Neandarthal ilustra o modo como aquela foi prevale-cendo, a designação de homo sapiens, que a antropologia nos atri-bui, condensa um lugar onde, chegados, nos é difícil imaginar alguém para além de nós.

Somos, realmente, pequenos se nos compararmos com a vasti-dão do universo. À sua escala, seremos partículas frágeis de matéria que, por coincidência, pensam. Sagan dizia que somos o que somos devido a «uma longa série de improbabilidades». Terá razão. Mas nem por isso nos fará sentir diferentes perante a nossa pequenez. Se já Gulliver era tão grande ao pé dos de Lilliput, como se sentiriam eles perante o mar?... Alguns – imagino – diriam que na linha do horizonte não existiria nada, senão ver-se-ia de Lilliput. Outros, certamente, não convidavam ninguém a navegar, sob pena de encontrarem dragões no horizonte. Finalmente, os que toleravam a sua pequenez com o fascínio das grandes descobertas, terão percebido que, navegando na direcção de um horizonte, logo outros horizontes mais se descobrem para conhecer.

4

A vida não se aprende nos livros

A vida não se aprende nos livros, mas na relação com os outros, com as emoções e com os afectos. Os livros servem, quando muito, para nos darem alfabetos para a lermos melhor e, os professores, como os pais, são o que são, não pelo que ensinam, mas pelos afectos que colocamos neles.

Quando um professor se engana, os alunos riem-se, tendo a mesma reacção, divertida, que as crianças têm quando vêem uma pessoa crescida cair, como se chegassem, com isso, à conclusão de que nem só elas são pequenas. Podemos gostar de uma disciplina apesar do professor, mas gostaremos mais dela se gostarmos dele. Quanto à indiferença em relação a ele... é uma forma particular de não gostar.

Vinicius dizia que «a vida é a arte do encontro... embora haja muitos desencontros pela vida». Mas, talvez, o maior desencontro em que incorramos seja connosco (e com o que deixamos de conhecer em nós). Todo o conhecimento vem de dentro para fora, e não no sentido contrário. Será sempre mais simples, quando se pretende explicar o sistema solar, fazê-lo a partir do modo como, às vezes, olhamos para o universo e as estrelas para não olharmos o brilho dos olhos e o universo das pessoas que nos amam. Apesar disso, acho que nunca ensinamos alguma coisa a alguém. Talvez o importante não seja ensinar, mas darmos espaço para que se possa aprender.

Não aprender não implica, portanto, ser-se menos inteligente, desinteressado, ou "infantil". Implica, simplesmente, não poder aprender, pelo que isso evoca dentro de quem aprende. Já os que aprendem tudo – sem contestação ou crítica – não aprendem, decoram e repetem, utilizando o pensamento como uma câmara fotográfica. Só eles estudam para 20. Eles... e os outros para quem só 20 é objecto da atenção dos pais (e, por isso, tantas vezes, bloqueiam de medo em situações de exame), e os que tiram 2 ou 3 (que é uma forma de virem a perceber se são amados pelo que fazem ou pelo que são). Afinal, só quem sentiu os pais desinteressados em relação a si se sente desinteressante e, só assim se gera o desinteresse. Com a desmotivação passa-se o mesmo: só se tem motivação para alguma coisa depois de se sentir a motivação de alguém em relação a si.

Para quem repete, compreender ou aceitar são a mesma coisa. Para quem pensa, compreender é re-criar. Sendo assim, talvez o ensino não tenha a ver com objectivos ou com metas, mas com o sentido das coisas que se aprendem. Quando muito, os professores – e os pais – podem ensinar a ignorância. Na vida, o importante não é saber tudo mas o essencial. E o essencial não é termos pessoas que nos ensinem mas que nos dêem espaço para aprender. Churchill disse-o de outro modo: «gosto que me ensinem, mas não gosto que me dêem lições.»

5

Olhares com vista para os seus olhos

Crescer é aprender a viver com as dúvidas e, deixadas as certezas inabaláveis da adolescência, compreender que a melhor forma de transformar o mundo é transformarmo-nos... de cada vez que ficamos mais iguais a nós próprios. É, finalmente, deixar de ter respostas e poder ter dúvidas e perguntas. Isto é, ser pequenino (perante a dimensão da nossa ignorância) frente ao mundo, como quando o pudemos descobrir nos olhos dos nossos pais. A partir desse olhar, a desconfiança nasce da necessidade de saber o que está por detrás dos olhos deles, e a confiança da tranquilidade que eles guardam lá dentro.

O mundo de uma criança é como um quarto só para si, onde os pais e os amigos podem entrar sempre sem bater. Não aprender a vida pelos livros é poder não saber tudo, mas perceber, por exemplo, que «o raciocínio é uma forma de timidez» (como Gaspar Simões referia, acerca de Pessoa). De pouco vale ter muitos vintes e não saber namorar. E se se sabe tudo, mesmo isso até, talvez se não saiba falhar. Sentir-se a obrigação de se saber tudo deixa pouco tempo para se aprender alguma coisa. «É difícil educar», dizem alguns pais; e, como em tudo o que depende dos afectos, educar não é ensinar, mas aprender. Sendo assim, vê-se com os olhos ou com o pensamento? Com o pensamento... lido à luz dos pais, a partir do olhar deles que, ao dar nos filhos, lhes abre olhares com vista para os seus olhos.

O reconhecimento

No fundo, há dois tipos de pessoas: as que nos tentam conhecer (e que nos acham complicados) e aquelas que, quando se dão, nos tornam mais simples e mais compreensíveis. Até para nós. Será isso, acho eu, o "olhai por nós" de duas pessoas numa relação com qualquer coisa de divino: transformam duas complexidades numa janela de simplicidade.

São as pessoas que nos fazem sentir acompanhados (e mais simples) quem nos ajuda a perceber que não estamos sós. E são elas que, de forma fulgurante, sempre que nos levam pela mão, por entre as dúvidas que esclarecem, nos fazem entender que amar e conhecer andam, mais do que parece, de braço dado.

Um psicanalista inglês – Wilfred Bion – aproximou muito amar e conhecer. Dando a entender que, de alguma forma, são as pessoas que nos ligam à vida quem nos conduz ao conhecimento. Conhecer seria, assim amar. E vice-versa... Mas eu não acho.

Parece-me, antes, que amar é reconhecer.

Reconhecer, no sentido de quem se conhece duas vezes. Por fora. E por dentro.

Reconhecer como forma de nos reconhecermos, insaciavelmente, em alguém que faz parte de nós.

Reconhecer como uma estranheza que se esclarece, sempre que alguém precioso nos reconhece, mesmo quando não sabemos quem somos.

E reconhecer, de gratidão. Pelos gestos de reconhecimento que se trocam quando se ama.

Reconhecermo-nos em alguém... desabafa-nos. Isto é, alivia a angústia de estarmos abafados nas dúvidas com que constrói a nossa solidão.

E de cada vez que alguém se reconhece em nós... transforma-nos. Olha para além de nós; olha por nós. Sem que, com isso, sobreponha o seu olhar ao nosso.

Talvez amar seja, realmente, reconhecer. E será por isso que, quando olhamos para o nosso coração, nos doa sempre um bocadinho. Porque talvez sobrem as pessoas que olham para nós, e nos achem complicados... Com o tempo, parecem tornar-se quase nenhumas as pessoas que olham por nós... e nos reconhecem.

As miragens são todas aquelas pessoas que, sempre que as imaginávamos capazes de nos tornarem mais simples e mais compreensíveis, nos decepcionam. É por isso que as miragens nunca acontecem por influência da luz do sol, quando o olhamos de frente. Só muito tarde descobrimos que as miragens nascem e crescem presas às pessoas que, em vez de janelas de simplicidade, criam labirintos no nosso coração. E nos levam a reparar, sempre que olhamos para trás, que – em vez de transparência – surge opacidade.

Uma miragem é tudo aquilo que, no lugar de pessoas luminosas, cresce sob a forma de vultos, de penumbras, e com um insustentável sentimento de estranheza. Porque, com a ilusão de haver quem nos conheça, as miragens dão-nos quase tudo o que nos faz nos falta. Menos o que só o amor e reconhecimento transformam numa janela de simplicidade.

Capítulo 9

APRENDER COM JOÃO DOS SANTOS

Aprender com João dos Santos*

*Reflexão breve sobre alguns contributos
de João dos Santos para a educação*

(Este brevíssimo capítulo pretende ser um olhar breve sobre algumas noções de João dos Santos a propósito da educação. Reconheço que, em muitos momentos, possa parecer um olhar demasiado parcelar e perigosamente pessoal. Corre, seguramente, esses dois riscos. Mas pretende ser, simplesmente, um pretexto para trazer para esta colectânea ideias dispersas de um dos pedagogos e dos psicanalistas portugueses mais brilhantes de sempre.)

João dos Santos nasceu em 1913, em Lisboa. Médico psiquiatra e professor de educação física, João dos Santos «foi o primeiro que, em Portugal, fez uma análise didacta pessoal e o primeiro psicanalista a formar outros psicanalistas» (Branco, 2000, p. 78). Em 1973, com Francisco Alvim e Pedro Luzes, fundou a Sociedade Portuguesa de Psicanálise. Opositor do regime salazarista, João dos Santos é, em 1946, demitido, por razões políticas, do cargo de médico (1º Assistente), do Hospital Júlio de Matos. Ainda nesse ano, parte para Paris, onde trabalha, sob a direcção de Henri Wallon, no Centro Nacional de Investigação Científica. Regressa a Portugal em 1950, dirigindo ou participando, desde então, na criação de vários serviços de higiene mental, centros psico-pedagógicos e associações humanitárias. Em 1981 e 1983 publicou os Ensaios sobre a Educação I e II. Publicou ainda: Neurose de Angústia (1988); A Casa da Praia: o Psicanalista na Escola (1988); Se não sabe porque é que pergunta?; Conversas

---

* com o apoio de: Eugénia Soares, José Sargento, Mafalda Rodrigues, Maria João Guerreiro, Maria Manuel Vaz, Patrícia Rodrigues e Sara Alves (Psicólogos do Núcleo de Seguimento Infantil e de Acção Familiar da Faculdade de Psicologia e de Ciências da Educação da Universidade de Coimbra)

com João Sousa Monteiro/João dos Santos (1988); e Eu agora quero-me ir embora: conversas com João Sousa Monteiro/João dos Santos (1990), resultante do programa de rádio com João Sousa Monteiro. Morreu em 1987 mas continua a ser uma referência preponderante do humanismo psicanalítico transposto para a educação e para a escola.

Aprender é olhar com olhos de ver

Um dos aspectos que sempre achei fantástico foi o modo como as crianças desenhavam. As crianças desenham como olham e, regra geral, começam a desenhar pelo rosto, traduzindo no traço o percurso do próprio olhar. Os olhos são a janela para o conhecimento. Não é por acaso que as pessoas, fazendo uma "visita guiada" ao rosto com as crianças, dizem: «aqui é a campainha» (indicando o nariz) e «aqui são as janelas» (apontando para os olhos). Os olhos são a janela do conhecimento. O que é engraçado é que, quando as crianças começam a desenhar, o fazem esboçando um esquema corporal em tudo idêntico ao de um feto (como se essa memória arcaica do esquema corporal se mantivesse guardada). Anos mais tarde, quando estas crianças se tornam adolescentes, aprendem a desenhar o olhar periférico: o olhar "pelo canto do olho". O olhar deixa de estar centrado e é deslocado para a periferia, em grande parte, pela preponderância da sexualidade. Muitas vezes, a escola poderia ter um efeito mais ortopédico na organização do olhar mas, na verdade, favorece mais o olhar periférico em vez de permitir o olhar olhos nos olhos. Embora aprender seja um movimento recíproco, dos olhos de quem ensina para os olhos de quem aprende.

João dos Santos percebeu-o antes da maioria dos pedagogos. E foi percebendo a relevância dos laços relacionais, desde as relações mais precoces, onde se inscreve um perímetro de segurança matricial das relações essenciais para o desenvolvimento, como uma espécie de espaço geométrico [constituído por pontos, linhas, planos e triedros] fundado, num primeiro momento, na experiência relacional precoce com o objecto materno [que delimita um "espaço de segurança" que se vai alargando a outras relações significativas e vai, progressiva-

Foto de Augusto Brazio

mente, configurando os "pontos cardeais" com que uma criança explora e conhece os mundos interior e envolvente (João dos Santos, 1988].

A compreensão do conteúdo deste espaço geométrico, com os seus objectos (significativos) ordenados, tem a sua origem no investimento, na intuição e na percepção dos primeiros objectos relacionais, enquanto conjunto. Isto é, a organização cognitiva da diferença parece ser perspectivada, por João dos Santos (1988), como resultando da convivência com as semelhanças. A relação entre a continuidade e a descontinuidade dessa relação conduz à construção da noção de quantidade e, por sua vez, a ordenação dos conjuntos e dos objectos, conduz à noção de descontinuidade, que revela ser a base fundamental da aritmética e da matemática em geral. João dos Santos defende, assim, que a noção de ordem das coisas surge primeiro que a noção de quantidade.

Deste modo, a diferença entre olhar e ver é mediada pelos objectos relacionais significativos que, olhando por nós, olham connosco, dão-se a conhecer (à medida que nos conhecem), e dão-nos luz ao conhecimento (com que os conhecemos a eles e a tudo o mais com que se enriquece essa matriz relacional do conhecimento).

Aprender é dar para receber

Um educador tem, em cada aula, 20 ou 30 novos "filhos", de cada vez, que nem sempre se "casa" com o melhor que ele tem para lhes dar. É por isso que a escola representa, para uma criança, uma oportunidade para aprender a partir da experiência. João dos Santos chama a atenção para a necessidade de compreender a experiência de vida de uma criança onde os conhecimentos escolares se irão inscrever, para compreender a diversidade das relações que cada uma terá com a escola. A este propósito, ele afirma que «(...) no seu processo de desenvolvimento, a criança precisa, ainda antes da idade escolar, dividir objectivamente e imaginariamente os pais, para melhor compreender os casais ou o mistério da vida dos adultos e a estratégia das suas relações com um e com outro progenitor...» (1988, p. 51).

A educação escolar aproveita e aprofunda a educação familiar. De tal forma que, tomando a diversidade das interacções parentais como uma matriz, uma criança se abre à diversidade e ao estranho, sempre que opõe a curiosidade ao medo. Segundo João dos Santos (1983), para a maioria das crianças com dificuldades ao nível da iniciação escolar, a função materna não facilitou a entrada do pai (o terceiro), a qual permitiria a abertura ao mundo exterior e, partindo dela, uma expansão da pluralidade de pontos de vista e o aprofundamento da competência para a aprendizagem. É neste contexto que João dos Santos (ibidem) toma a escola como um segundo nível de triangulação (relacional e de conhecimentos) que se faz a par da triangulação com as identificações parentais, chegando a assemelhá-la, de certa forma, à vivência edipiana, na medida em que a escola disponibiliza uma função de protecção, conforto e segurança (semelhante a um substituto maternal) mas também impõe normas, a obrigatoriedade duma cultura escrita, e separa a criança do meio familiar (próximo da função paterna, tal como foi sendo perspectivada a partir de uma leitura mais tradicional da psicanálise).

Aprender é multiplicar

É a partir desta compreensão interactiva do conhecimento que João dos Santos descreve as operações mentais em que se sedimenta a experiência – sejam as operações matemáticas, sejam outras quaisquer – como a matéria-prima do próprio conhecimento. Operações de adição, de multiplicação, e experiências de associação ou de divisibilidade, por exemplo, resultariam de uma aprendizagem intuitiva da matemática antes, ainda, do conhecimento abstracto da aritmética. É a partir desta matemática das experiências emocionais que João dos Santos afirma que o ensino escolar se deve iniciar pela "matemática", que servirá de base para a construção das aprendizagens da leitura e da escrita: «A base sinalética da cultura escrita implica o conhecimento matemático elementar e espontâneo, a que se chama matemática moderna. Ler é, basicamente, reconhecer o valor qualitativo e quantitativo dos sinais, é, basicamente, matemática» (ibidem, p 46).

Aliás, a este propósito, João dos Santos enfatiza que «ensinar as crianças a ler e escrever, corresponde a um trabalho de descodificação, dificilmente compreensível para certas crianças com problemas afectivos ou vivendo em ambientes culturalmente desinteressados por este tipo de actividades» (p.32). Para ele, "as bases matemáticas do desenvolvimento" integram a compreensão do território de segurança como espaço geométrico; a compreensão do conteúdo do espaço geométrico com os seus objectos ordenados; a inteligência das situações e a inteligência abstracta. «A aprendizagem escolar deveria, assim, ser iniciada pela "matemática", quer dizer pelo reconhecimento pela criança do que é efectivamente securizante: do que ela previamente investiu, intuiu e percebeu, do que é geometricamente definido, do que existe como conjunto e sub conjunto, e da sua integração, desintegração, ordenação e quantificação» (ibidem, p. 46).

Aprender é autonomizar

Nesta geometria relacional, a forma como se estruturam a vinculação e a autonomia são preponderantes. Não há autonomia sem vinculação e vice-versa. Nessa reciprocidade, o crescimento das crianças é tanto mais saudável quanto os educadores deixam de impor o seu próprio ritmo sobre o delas, seja ao nível das competências essenciais do desenvolvimento como no que respeita às aquisições da escolaridade. Esta sintonia rítmica vai-se expandindo com as interacções sociais e na relação com o conhecimento (sempre que tudo o que é estranho se transforma, através da matemática das relações, em relações de familiaridade). No entanto, em muitas circunstâncias, as dificuldades de promoção da autonomia (por parte da mãe, por exemplo) traduzem-se em angústias de separação, na criança que, estando mais ou menos encobertas, até à entrada na escola, emergem, de forma aguda, quando se estrutura uma separação continuada em relação ao ambiente e aos conhecimentos familiares. Segundo João dos Santos (1988), certas crianças que estão muito dependentes da mãe, recusam a escola, dando a impressão de atraso ou debilidade mental, quando, no entanto, se trata apenas de um atraso afectivo, «(...) que temos tentado diagnosticar (...) introduzindo certas facetas maternalizantes no ambiente das classes escolares e impondo de uma forma mais suave e progressiva a exigência da linguagem escrita» (p.50).

Aprender é interagir

Aprender é, portanto, uma experiência de encontro e de comunhão, sem a qual não há nem autonomia nem crescimento. Mas, curiosamente, só aprendemos aquilo que já sabemos. Em rigor: aprender é colocar em interacção o estranho e o familiar, sem que isso traga consigo o receio de uma diluição das identificações fundamentais. Ou seja, a escola permite – sejam quais forem as matérias escolares – que uma criança possa concretizar o conhecimento de si e dos outros através das matérias curriculares, transformando o saber em sabedoria. Será neste processo de integração dos conhecimentos escolares na experiência de vida, expandindo-a e requintando-a, que a escola mais tem falhado. Afinal, uma criança só estará disponível para o conhecimento quando se sente com disponibilidade para se conhecer a si e às relações que a envolvem antes, durante e depois de cada novo conhecimento que a escola lhe disponibiliza. Se uma criança nunca pôde juntar "coisas", começando por juntar sentimentos e, depois, pessoas da família, amigos, etc., irá sentir uma dificuldade estrutural de passar do lúdico do vivido para o lúdico da aprendizagem. Ou seja, logo aí a aprendizagem, porque não é sustentada por nada que advenha da experiência, torna-se mais facilmente um processo de repetição do que de reflexão. Por outras palavras, as crianças só são capazes de multiplicar números ou de combinar letras (por exemplo) depois de serem capazes de multiplicar outras experiências na vida delas.

A escola é, portanto, uma forma de, a pretexto das aprendizagens da escolaridade, se encontrar um método para aprender sobre a vida. Todo o conhecimento (mesmo aquele que, aparentemente, seja o mais descritivo que possa parecer) acaba, de alguma forma, por ser autobiográfico. Isto é, tem sempre a ver com "pedaços" de quem aprende que se repercutem nas situações de aprendizagem, nas pessoas

Aprender com João dos Santos 131

que medeiam as situações de aprendizagem e, inevitavelmente, nos conteúdos que são transmitidos por elas. Mas todo o conhecimento que se disponibiliza depende dessas mesmas variáveis o que transforma a relação professor-aluno num conflito de experiências de vida cuja diversidade pode criar, a um e outro, constrangimentos maturativos, como se tentassem comunicar através de um determinada matéria através de "idiomas" diferentes. Será por isso que João dos Santos (1982) refere que a matéria-prima do conhecimento é uma espécie de língua que se constrói da multiplicação das personagens a quem nos fomos identificando (que estruturam uma linguagem, que vai muito para além da língua, que se constrói na interacção com elas). Parece ser, também, por isso que João dos Santos diz que «os homens serão mais saudáveis se as mães tiverem segurança e os pais forem protectores; (…) se todos tiverem um local para se isolarem e muitos para se juntarem (…)» (1982, p.135).

Neste contexto João dos Santos enfatiza que não existe ambiente humano sem linguagem. A linguagem não se limita, portanto, apenas àquilo que é dito, mas sobretudo ao que se comunica imperceptivelmente. Desta forma, a linguagem precede o nascimento, constituindo a base de todo o desenvolvimento da criança (João dos Santos, 1982). A relação é linguagem, tal como linguagem é, necessariamente, relação. A relação deve, assim, ser encarada como uma forma de partilhar sentimentos, emoções e conhecimentos, através de várias formas de linguagem: fala, atitudes, mímica e gestos.

Aprender é passar das sílabas que se juntam ao significado que as liga

A linguagem irá, portanto, para João dos Santos da "alma" para o corpo e do corpo para a fala. Será, por outras palavras, uma transferência do sentir para as palavras (podendo perspectivar-se como desenhos com som). As palavras serão uma expressão do corpo, através da voz ou através do movimento da escrita (representando ela o casamento entre a imaginação e o corpo). É por isso que João dos Santos afirma que «não se escreve com a caneta e a mão, mas com as ideias e a imaginação» (1983, p. 67).

Sendo assim, o ensino desta língua materna matricial não deve, de modo algum, interpretar-se como um código restringido à linguagem falada ou à linguagem escrita. Deve dar espaço para a mímica, para o gesto, para as manifestações específicas de cada grupo, etc. – necessidade de partir do que a criança já sabe para lhe demonstrar o seu próprio saber, simplificá-lo e registá-lo. A "linguagem falada" «(...) não é apenas palavra, mas também movimentação, expressão corporal, ritmo, criação de sons e arte» (1982, p.130), que se opõe aos «exercícios de palavras e frases sem valor de linguagem» (ibidem, p.96) assumidos como eixo da escolaridade em tantas circunstâncias. Neste sentido, o ensino não deve ser «(...) um diálogo entre cegos e mudos [em que] o professor fala [e] o aluno escreve pontos» regra (1983, p. 95), mas um processo de conhecimento e de trocas mútuos.

Já a propósito das dificuldades da leitura e da escrita João dos Santos recomenda que «(...) nas crianças com maiores dificuldades de leitura e de escrita, [se] utilizem exercícios verbais, sempre em ligação com os exercícios escritos ou desenhos, utilizando o mesmo tema, para que a criança ligue melhor o seu pensamento aos símbolos gráficos que a escola ensina» (1983, p. 53).

A plasticidade dos conhecimentos, disponibilizados pela escola, surgem, no seu pensamento, com enorme nitidez. A escrita é um sucedâneo do desenho e representa um casamento entre este, a educação física e a educação musical: «ensinar a escrever, antes de permitir que a criança experimente desenhar e pintar, é tão absurdo como pretender ensinar uma criança a ler antes que ela saiba falar» (João dos Santos, 1982, p. 89). Em resumo, a escrita vai da interpretação para a leitura e da consciência do som para a consciência da palavra e daí, para a consciência da escrita.

Nesse mesmo trajecto – do interior para o exterior – se situa, por exemplo, a aprendizagem da leitura. Para João dos Santos só é possível aprender a ler, a compreender as letras e as palavras, depois da conquista do símbolo: a escola deve, portanto, aproveitar os sinais, os símbolos que a criança aprendeu, espontaneamente, no seio da sua cultura. Antes de procurar ensinar-se as crianças a ler devia avaliar-se as suas capacidades para gesticular, as suas aptidões para a actividade gráfica, etc, ou seja, as suas capacidades ao nível de formas elementares de educação, sem as quais, a escola não poderá servir

Aprender com João dos Santos

a criança: «(...) antes de ser letrado, é preciso ser hábil, saber mover--se, entender o movimento e o gesto, aprender a manipular e a FAZER: aprender a ler nas pessoas, no ambiente natural e nas coisas, antes de aprender nos livros» (ibidem, p. 133).

Aprender é reconhecer

As crianças que não sentem os pais, ou alguém da família, ou algum professor (por quem tenham uma ligação especial) apostando nelas, têm muitas probabilidades de ter uma auto-estima frágil (porque a auto-estima precisa de se alimentar com gestos autênticos de confiança e não tanto com comentários de incentivo, mais ou menos falsos, de muitos pais ou de alguns professores em relação aos alunos). Afinal, as crianças que não se sintam reconhecidas por quem as eduque terão dificuldades de aprendizagem. Aprender é um processo de reconhecimento mútuo (no sentido do conhecimento e da gratidão), tanto mais dificultado quando há professores, por exemplo, que se dão muito mais como objectos de adoração do que como objectos de identificação (e esperam que os alunos os tentem imitar, e não toleram que, quando a gente gosta muito de alguém, nunca se pode ser igual a essa pessoa: tenta crescer-se para além dela e ser-se melhor).

Há crianças que mimam para serem mimadas. Isto é: há crianças que percebem que muitos educadores não toleram a aprendizagem como uma processo de aprofundamento da diversidade e o tomam com um processo de mimetismo e de duplicidade. Trazer alguém para dentro de nós significa – sempre – que essa pessoa venha interagir com tudo o que já temos dentro de nós (que nos torna, inevitavelmente, diferente das pessoas que temos em nós): «(...) Os conceitos educativos de cada educador ou de cada grupo são impostos como normas à criança, mas esta apercebe-se não apenas do que lhe é dito, mas também do que inconscientemente os adultos lhe transmitem. Assim, a criança no seu comportamento não responde apenas às regras educativas verbalizadas, mas também é isso que não é expressamente comunicado. Desta forma, se compreende que a educação nunca é só pedagogia e didáctica, mas também comunicação no sentido da relação afectiva (...)» (João dos Santos, 1982, p. 51).

Em resumo, uma criança aprende sempre que reconhece num educador competência para configurar aquilo que ela sente, e não aprende quando ele lhe manifesta uma exigência incontida de contenção. Quando as crianças são acolhidas dentro dos educadores, vivem as suas realidades interiores tentando compatibilizá-las com "a realidade" deles. Quando são obrigadas a conter-se, tornam-se, à vista desarmada, impulsivas. A impulsividade é, portanto, uma reacção saudável das crianças à experiência claustrofóbica dos limites, tal como lhe são colocados.

Aprender é ligar

A inteligência será, então, um processo de compreensão do que liga e «diz respeito à compreensão do que está presente, dos objectos percebidos em situação dos relacionamentos dos conjuntos, sub--conjuntos e objectos (qualificação e quantificação)» (João dos Santos, 1988, p. 45), tomando a inteligência abstracta como consequência da inteligência relacional: «a inteligência abstracta (teórica ou conhecimento) baseia-se na inteligência das situações ("espontânea"), e na linguagem falada e escrita, aquisição cultural do grupo, da comunidade e da sociedade» (ibidem, p. 45).

Neste contexto, João dos Santos toma os primeiros anos do ensino básico como um trajecto da inteligência prática à inteligência teórica. Para que a iniciação à aprendizagem escolar tenha sucesso, é importante uma continuidade na comunicação afectiva. As aprendizagens que se fazem nos primeiros anos de vida, junto da mãe, antes da entrada para a escola, constituem a base das aprendizagens posteriores. O autor defende, assim, que a escola deve dar continuidade àquilo que ele designa de "método maternal", onde devem marcar presença a expressão corporal, o jogo de sentimentos, a palavra e o ritmo verbal, a música, a pintura e o desenho (João dos Santos, 1982). A escola pré-primária deve ter em consideração a cultura em que a criança se integra (hábitos, comunicação, manifestações artísticas, actividades tradicionais, etc.), porque «o mais importante não é ensinar, mas aprender com a criança qual é o seu saber, para poder mostrar-lhe como se fala e regista o seu saber» (João dos Santos,

1983, p. 51). Para ele a educação pré-escolar será especialmente útil para os invisuais, surdos e deficientes motores, bem como para as crianças envolvidas por um meio social decadente, dada a falta de preparação que as suas famílias têm para os educar.

Desta forma, é fundamental que os professores, em todos os graus de ensino, promovam este processo de transformação da inteligência: antes de ensinarem o que sabem, procurem compreender o conhecimento prévio da criança, dando, assim, continuidade à educação que a criança recebeu antes de entrar para a escola e que se desenvolveu espontaneamente.

Aprender é experimentar

No mesmo sentido, João dos Santos (1982) defende que a educação deve estimular todas as capacidades potenciais existentes na criança. A este respeito, refere que o educador deve permitir que a criança interprete as diferentes aprendizagens à sua maneira, delegando-lhe o direito de experimentar, observar e descrever, de acordo com o seu próprio sentir. Parece estar aqui subjacente a ideia de que a diversidade de sentires e de viveres pode constituir uma mais-valia no contexto da educação, e que, portanto, deve ser explorada e estimulada pelos educadores que, ao entenderem o ensino como um processo construtivo onde a criança tem um papel activo, contribuem para uma formação mais autêntica e profícua. Neste contexto, João dos Santos concebe as redacções como exercícios activos e de ligação entre o sentimento, a palavra e a escrita, de modo a respeitarem a espontaneidade e os interesses das crianças. A ilustração, feita pelas crianças, das suas próprias histórias, o falar e o gesticular sobre elas, são algumas das formas apontadas pelo autor para se recuperar a espontaneidade no ensino. No fundo, o que talvez João dos Santos quisesse dizer é que por trás de cada dificuldade escolar, há uma criança em dificuldades (com a escola com a família ou consigo mesma). Ignorá-las será prescindir dos recursos essenciais que, devidamente mobilizados, nos ajudarão a ultrapassá-las. Solucionar dificuldades escolares é resolver sofrimentos emocionais.

Aprender é recriar

Pensar em conjunto não é pensar de forma igual. Aprender é – sempre! – recriar. Recriar, no sentido literal da criatividade que isso implica, e do recreativo que isso pressupõe. Ou seja, se aprender não for recriar não é aprender: é uma forma de fazermos de conta que somos parecidos uns com os outros sempre que sentimos que as nossas diferenças não são toleráveis. É nesse contexto que João dos Santos propõe que «(…) é preciso que os pais percebam que não podem educar senão com o seu próprio corpo, com a pessoa que são, com a sua cultura e ideologia» (1983, p. 23). Neste sentido, incentiva que se crie uma "escola de pais", onde estes possam recuperar a espontaneidade perdida. Uma escola com pais – direi eu – onde o diálogo, dos pais entre si e dos grupos de pais com os técnicos, permita reencontrar o equilíbrio entre o que se ensina na escola e aquilo que os pais têm (naturalmente) para transmitir aos filhos.

Aprender é distinguir entre saber e sabedoria

Saber e sabedoria são diferentes: a sabedoria faz-se de experiência; o saber, de colagens e com decalques. Talvez a escola, em todos os níveis escolares (e o universitário será, de todos eles, o paradigma mais perfeito do que pretendo dizer-vos) favorecem muito mais o saber do que a sabedoria, favorecem mais a idealização do que a identificação aos professores.

A este nível, João dos Santos (1982) apresenta uma perspectiva semelhante à de Sebastião da Gama (1975), ao referir que «a aplicação de programas indefinidos, o uso de manuais e livros únicos, que não estão aplicados regionalmente (…)» (p. 145), não se revelam adequados. Torna-se, desta forma, claro que «a escola deve inserir a criança na sua sociedade; [pois] se não tem em conta as condições do ambiente, a vida do agregado populacional, aquilo que é a sua arte, a sua forma de expressão, o seu trabalho, (…) a acção da escola está desactualizada» (ibidem, p. 145).

Para João dos Santos (1982) a questão dos quadros de honra surge, geralmente, associada a alguma injustiça escolar, pelo facto de apenas alguns alunos poderem lá figurar. Para ele, é fácil descobrir aptidões especiais em todos os alunos e, portanto, será fácil construir vários quadros de honra, onde possam ser inscritos praticamente todos os alunos de uma escola, reconhecendo-se, deste modo, o mérito de qualquer tipo de aprendizagem, seja ela mais ou menos formal. Bastará que, para isso, se dê «(...) a oportunidade de uma honra especial aos que sejam apenas os primeiros nalgumas matérias ou em provas de redacção e desenho, concursos de xadrez e damas, provas desportivas, cooperação nas tarefas colectivas, etc.» (p.40). Talvez só assim se consiga respeitar aquele que, segundo João dos Santos, deverá ser o ideal de qualquer princípio educacional: "ensinar como prémio".

Repreender é re-aprender

Os bons alunos não tiram obrigatoriamente boas notas. Às vezes, as más notas representam das manifestações mais sérias que um aluno os seus pais e os seus professores podem ter no sentido de aprender a pensar. Geralmente, as crianças que ficam atoladas nas encruzilhadas das expectativas dos pais e dos professores, em que os bons resultados escolares não se manifestam de imediato, bloqueiam de medo. Na verdade, são inteligentes, independentemente da mediania das classificações que alcançam. Noutras vezes, apesar de resultados irrepreensíveis, só parecem ter competências escolares, não sendo capazes de simplificar os conhecimentos e de lhes dar movimento e utilidade prática, de cada vez que os aplicam à vida. Talvez por isso João dos Santos (1983) proponha que os professores ponham as crianças (bem e mal comportadas) a "olhar para dentro", através da expressão corporal, do jogo dramático, de actividades plásticas livres, de redacções, «em que se sugiram temas como: porque é que as pessoas são livres? O que é o medo? Porque é que o medo pode conduzir à violência?» (p. 30).

João dos Santos fala da necessidade de se reaprender a escola, com as crianças, alertando para a consciência de que é um património de todos. Para tal, propõe que elas tenham um espaço que sintam como seu (ex: clubes de alunos – futebol, filatelia, fotografia, química...) – e uma sala própria para cada turma. Desta forma, sugere a criação de locais onde se possam desenvolver actividades como o jogo desportivo, a actividade artesanal e artística, a vida ao ar livre, o contacto com a própria infância e com a escola das crianças, etc. (João dos Santos, 1982).

É, justamente, neste processo de reaprendizagens que João dos Santos (1982) reflecte a propósito do papel dos castigos no ensino. De forma muito directa, afirma que o castigo, sobretudo o castigo moral, deveria ser banido da educação. No seu entender «se se castiga com o aprender é porque se não ensina com amor» (p. 35). Com isto, João dos Santos pretende dizer que as notas não deverão ser, de forma alguma, uma moeda de troca pelo afecto dos pais, pois «(…) sem a compreensão dos sucessos e dos fracassos, o ensino não é educação, é adestramento» (ibidem). Aqui se enquadra o seu conceito de "educação utilitária", em que «(…) os pais [se] preocupam mais com o êxito escolar dos filhos do que com a sua satisfação de viver» (p. 81). Em resumo, aprender seria, nas suas palavras, uma experiência interactiva e de reciprocidades. E repreender uma oportunidade de se re-aprender.

Aprender é espantar

A escola, a partir de João dos Santos, talvez nunca seja uma cascata de surpresas para uma criança. Até que ponto é que as inovações dos conteúdos escolares serão surpresas? Talvez não sejam, de todo, surpresas. Acrescentam, simplesmente novas parcelas, que vêm de fora, a tudo o que já sabíamos. Enquanto que o espanto nos surpreende com novas parcelas que vêm de dentro, bem do meio daquilo de que nós somos capazes.

Será essa a ousadia fundamental de um professar: espantar o medo com a curiosidade, de cada vez que surpreende os seus alunos com novas parcelas que vêm de dentro de si, e que ele ajuda a iluminar.

Bibliografia

BRANCO, M. (2000); Vida, pensamento e obra de João dos Santos; Livros Horizonte: Lisboa

SANTOS, J (1982); Ensaios sobre a Educação I: a criança quem é?; Livros Horizonte: Lisboa.

SANTOS, J (1983); Ensaios sobre a Educação II: o falar das letras; Livros Horizonte: Lisboa.

SANTOS, J (1988); A Casa da Praia: o psicanalista na escola; Livros Horizonte: Lisboa.

Capítulo 10

EDUCAR PARA O INVISÍVEL

O Carinho pela sabedoria

O primeiro equívoco da educação passa por nos imaginar, a todos, aprendendo da mesma forma, reprimindo-nos sempre que tentamos compreender de outra maneira, esquecendo que tudo o que nos motiva para aprender é a motivação dos mais crescidos para reconhecer o que nos distingue uns dos outros, muito mais do que aquilo que compartilhamos, de comum, com eles.

O segundo equívoco da educação reside na forma como nos premeia, ao repetirmos. E nos castiga, se copiarmos. Curiosamente, dentro do mau, copiar é menos mau que repetir. Copiar acaba por representar uma insubordinação contra a repetição. Enquanto repetir é a assumpção, submissa, de uma cópia. Por outras palavras, repetir é o contrário de aprender.

O terceiro equívoco da educação passa pela ideia que aos mais velhos cumpre educar os mais novos. Não é verdade que seja assim. Educação é reciprocidade. Os mais novos só aprendem aquilo que já sabem. A escola torna mais simples e mais exequível tudo que já sabem e, só por isso, o seu pensamento se abre para níveis de complexidade sempre maiores. Os mais velhos, só aprendem quando aceitam que, para educar os outros é necessário, em primeiro lugar, querer aprender com eles. E isso só é possível quando, nas intenções da educação, a aquisição de conhecimentos for substituída pelo carinho à sabedoria.

O quarto, passa pelo pressuposto de que educar se faz de bons conselhos e de soluções adequadas quando, em rigor, a educação é tudo o que só os bons exemplos são capazes de nos dar. Os exemplos de boa educação dos pais e dos professores são mais preciosos que a educação cívica, os exemplos de respeito pela higiene sanitária ou pela saúde alimentar na escola são mais importantes que a educação para a saúde, e os exemplos da utilidade de um conhecimento são mais importantes que a demonstração científica que se faça a partir dele.

O quinto, finalmente, passa pela ideia de que a educação serve para ganhar a vida. Não é verdade. Com educação ganha-se vida. A educação serve para viver mais ousadamente com a ideia de morte (sem que, todavia, se fuja à sua presença organizadora na relação com a vida). E só se ganha vida quando se descobre que a primeira função de quem gosta de nós não é tirar-nos dúvidas mas pôr-nos problemas, não é dar-nos respostas mas encaminhar-nos por entre as dúvidas, não é estimular a hipocrisia mas estimar a verdade.

Tenho dito que a escola foi a invenção mais bonita da humanidade, e que a educação para todos foi a maior (e a mais tranquila) de todas as revoluções. E será ainda mais bonita e mais revolucionária se aos equívocos da educação se promover a diversidade e a criatividade, a reciprocidade e os bons exemplos, a formação humana e as relações que, entre as dúvidas e as perguntas, acarinham a sabedoria.

Eficiência e sabedoria

Em todas as épocas da história do Homem se apelou à eficiência em prejuízo da sabedoria. Em todas as épocas se insinuou que o mundo, nessas alturas, seria pior (e, todavia, ele veio a melhorar). Em todas as épocas os pais tentaram que os filhos fossem, sobretudo, eficientes. E os filhos foram reclamando que a sabedoria é tudo aquilo com que se cresce.

Tenho dito que, ao chegar à escola, uma criança sabe muito... sobre tudo o que vai aprender. Sem nunca ter tido matemática, multiplica... emoções. Ao vesti-las com palavras, interpreta antes, ainda, de saber ler. Ao aplicar essa sabedoria aos pais, por exemplo, já resolve equações até duas incógnitas... E ao confrontar a verdade dos pais com aquilo que sente percebe que – como acontece em muitos manuais – não só estão erradas as soluções oficiais como é errado chegar a elas sem os mais crescidos demonstrarem como se faz. Afinal, a eficiência é tudo aquilo que é elogiável quando se tenta desqualificar a sabedoria.

A eficiência é um fast-food ao alcance daqueles que colocam os desempenhos acima de tudo o que pensam. A sabedoria supõe uma capacidade para pensar, com tenacidade, com perseverança, e com uma intencionalidade empreendedora.

Apesar dos eficientes falarem da grande vantagem que representam as equipas de trabalho, acham que qualquer self made man é sempre mais elogiável do que um Homem que, confrontado com a vastidão das suas dúvidas, se torna (progressivamente) tranquilo, sempre que percebe que conhecer não é dominar conhecimentos mas não viver com desconfiança quaisquer dúvidas.

Os eficentes, mesmo trabalhando em open space, devem bastar-se a si próprios. Os que convivem com a sabedoria reconhecem que ninguém pensa sozinho, que há relações que estrangulam o coração e outras que o põem a voar.

A eficiência alimenta-se do medo (e da angústia que – continuadamente – ele gera). A eficiência queima, com rapidez, a angústia no trabalho, por exemplo. Mas a rapidez gera mais angústia, que consome mais rapidez e gera angústia e... rapidez. A rapidez estimula o autismo. A sabedoria apela à relação.

Aos olhos de um mundo dominado pela eficiência, em muitos de nós, abriu-se um tortuoso desfiladeiro entre tudo aquilo que sonhámos e aquilo que fomos capazes de conquistar. Aos olhos de um mundo dominado pela eficiência, passámos a considerar que chorar com alma e convicção não é um sofrimento com a sabedoria de nos sabermos amparados por um abraço: é chorar como as crianças. Num cálculo o mundo dominado pela eficiência terá tido um equívoco fundamental. Um mundo dominado pela eficiência torna todos aqueles que só pretendem ser pessoas – pessoas melhores, mais cultas, mais humanas e mais felizes – numa unanimidade de deficientes. Que parecem não reparar que a eficiência torna elogiável tudo aquilo com que se desqualifica a sabedoria.

Devolvam-se à escola todos os recreios

1
Conhecer é crescer com as dúvidas

A educação – em especial, a tecnológica – foi sendo responsável por tornar o homem mais omnipotente e menos exposto ao acaso. Esquecendo que o conhecimento não é uma maneira de dominar as probabilidades, mas uma forma de crescer com elas.

Ao ensinar sem escutar, a escola foi formando melhores técnicos mas, muitas vezes, piores pessoas. Uma escola assim não educa: confunde educar com domesticar.

A escola tem sido paradoxal: foi fazendo crer que é bom aprender, que aprender faz crescer, mas as crianças vão-se dando conta que as pessoas ficam, muitas vezes, mais sisudas e mais tristes quando crescem.

Uma escola que não confunda, em todos os graus de ensino, aprender e brincar, não é uma escola... mas um castigo. Assim, é fundamental inventar uma nova escola:

- uma escola que aceite que educar é promover a saúde;
- uma escola que não intoxique com conhecimentos estéreis a sabedoria das crianças;
- uma escola que aceite que só existe educação quando duas pessoas se educam ao mesmo tempo, uma à outra;
- uma escola que não dê todas respostas... mas que ensine a conviver com as dúvidas;
- uma escola que aceite como nossos professores todas as pessoas que nos ensinam pelo que mostram, mais do que pelo que falam.

Gostava que a escola se transformasse num lugar que estimule as incertezas e incentive à dúvida, que reabilite a criatividade e a ousadia de pensar, que ensine a cumplicidade e, com humanidade, promova a esperança.

148   *Educação*

2

O melhor das escolas são os recreios

As crianças vão à escola muito antes de a frequentarem pela primeira vez. Desde que vivem dentro da mãe, aprendem a interpretar antes de saberem ler, e insistem em tocar como condição para aprender. As crianças sabem que aprender é tocar, e que sempre que alguém se propõe ensinar-nos não nos escuta.

As crianças reconhecem que, sempre que não sabem, perguntam, e que cada resposta que assim se consegue não nos resolve um problema mas propõe-nos outra alternativa que ajuda a configurar as soluções que imaginámos para ele.

O melhor da escola são os recreios. Ah!... E, muitas vezes, o caminho até à escola. Daí que devamos inventar uma escola melhor: onde nunca se deva deixar de ter a vista na ponta dos dedos, em que se insista em olhar para dentro das coisas (nem que, para tanto, se descubram os seus "intestinos"), e onde se possa perguntar, sempre, "porquê?..."

Uma escola onde as aulas sejam recreios e os trabalhos de casa tempos livres. E onde só se aprenda quando que se vive... dentro de alguém.

3

A inteligência relacional

Não existe uma inteligência emocional. Reconheço que o afirmo assim, ousando provocar-vos. Mas, também, porque me arrepiam algumas ideias – com um fundo de verdade (como a de inteligência emocional) – que se transformaram num slogan que todos repetem e que a poucos parece dizer alguma coisa.

A inteligência não se mede pelos resultados escolares, para desalento de muitos pais que reivindicam traços de genialidade nas notas dos seus filhos. É verdade que muitas crianças inteligentes conquistam boas notas mas, também, uma "maré de cincos" que se abata sobre uma criança (como uma exigência a que não pode fugir) não deixa de ser uma forma dela esconder relações fóbicas ou de desconfiança com os iguais, para além de achar mais ou menos supérfluos os sonhos, o brincar, ou os namorados dos outros. Algumas destas crianças doutoram-se, mais tarde. E, ao mau gosto ou ao desprezo com que lidam com o seu corpo, por exemplo, passa a chamar-se, elogiosamente, "desprendimento" (como se dessem a entender que não ligam a pecados... mortais), embora continuem muito inteligentes, mesmo que, quase nunca, ninguém as entenda.

A inteligência (emocional) não é um recurso intelectual, mas a competência que se "aduba" com os sentimentos que vão ao seu encontro, a aprofundam, e a enriquecem. Isto é, a inteligência que se só protege nos recursos intelectuais é um "pó de arroz" com que se disfarçam a arrogância ou o desprezo pela importância dos outros no nosso crescimento.

De que vale ser inteligente se esse privilégio for tido como uma clarividência que aprofunda a nossa solidão? A inteligência que não serve para nos aproximar dos outros não será inteligência mas um oásis cercado por um deserto de horizontes.

A inteligência relacional é um "três em um": competências intelectuais, recursos emocionais, e autenticidade na relação com os outros que permita percebê-los como a "A Enciclopédia" do nosso crescimento, com que se aprende a pensar sempre que eles nos trazem novos desafios para resolver.

4

Pensar com o nariz, ler com as mãos
e escutar com os olhos

A escola devia transformar-se num lugar onde as crianças pensassem com o nariz, lessem com as mãos, e escutassem com os olhos. Isto é, não defraudassem a intuição, aprendessem sempre que experimentam, e o que ouvem dos professores fosse muito semelhante ao que observam neles.

Uma escola que aceitasse que atrás de cada aluno difícil está um professor em dificuldades, e que diante de uma criança distraída permanece uma família desatenta.

A escola devia transformar-se no sentido do recreio para a sala de aula: ganhando imaginação e criatividade, estimulando a diversidade e a pluralidade, educando em lugar de ensinar, tolerando os insucessos, estimulando as dúvidas, e incentivando a ousadia de pensar. Uma escola com pessoas da família, em vez de professores, e com recreios no lugar das salas de aula.

O paraíso das escapadelas

Quando estão de regresso às aulas, as crianças vão ficando tomadas por um "bicho-carpinteiro" que as faz suspirar por novas mochilas, outros cadernos, estojos, canetas, lápis e livros. Sobretudo (oh, sim!) pela «lista dos livros» que tocam, que cheiram, e que miram, quase a medo, e com requinte. E – num frenesi que as remexe, por dentro – matutam pelo momento de voltarem para os colegas, como se dois meses de lonjura tornem os amigos estranhos, uns para os outros. Mas porque é que esta irrequieta paixão só dura uma semana?... Pode a escola ser melhor?

Uma escola melhor não fabrica adultos: perpetua a "idade dos porquês". Despreza a formação científica, sempre que não seja uma forma de interpelar a vida, depois de a admirar. E não se preocupa com os conhecimentos... mas com exemplos, irrefutáveis, da sua utilidade.

Uma escola melhor, casa a insolência com a autoridade. A insolência dos mais pequenos, como um modo de porem em dúvida as pessoas de quem venham a gostar, e a autoridade dos crescidos que (quando cria um limite) abre uma nesga de entendimento para que, a dois, se construa uma só cumplicidade. (Afinal, só pomos tudo em dúvida quando nos impedem de duvidar, e a ausência de autoridade não conduz a mais respeito, mas à insegurança.)

Uma escola melhor devia continuar a fazer de cada recreio uma "escola do crime". Um oásis onde se aprende (e se refina) tudo o que não se pode dizer, e se vai uns "trocos" mais além do que não se deve fazer.

E devia esperar que os professores sejam, como sempre, o exemplo de todos os exemplos. O exemplo de educação e de justiça. O exemplo de que só fala para se fazer escutar quem escuta antes de falar. E o exemplo de que vale a pena não parar (nunca) de crescer. Alunos que sejam (sempre) consertadinhos, e professores, continuadamente, incorrectos, transformam a escola em má educação.

Escola é tudo o que liga. Liga às crianças. Liga a fantasia com o método, o sonho com a acção, e o riso com a seriedade. Mas se tantos adultos são a prova de que, à medida que se cresce, a vida desliga as pessoas das suas convicções (e as desliga umas das outras), como é que pais e professores, desligados, se transformam na luz que liga escola com sabedoria?...

Talvez uma escola melhor deva ser o paraíso das escapadelas.

Um lugar onde, por causa de todos os horizontes que nos dá, se escape a muitos dos sonhos dos nossos pais para nós, aquilo que os professores imaginam, quando não nos conhecem, e às políticas que outros atrapalham, antes de se porem no nosso lugar.

Um lugar onde não se perca o riso e se amarfanhe o espanto. E onde se descubra, entre muitos caminhos, uma convicção, até que outra desponte (mais pujante), que seja o trilho que transforma cada gesto num regresso às aulas.

O pensamento e a ética na relação pedagógica

1

A escola tem uma função essencial no crescimento. Crescer e aprender são, no fundo, de um ponto de vista psicológico, o mesmo. Não é possível aprender sem crescer e, talvez por isso, seja – para uma criança, como para nós – tão difícil aprender. Meltzer dizia, e não me canso de o repetir, que embora sejamos competentes para o conhecimento, somos profundamente desconhecidos de nós próprios. Talvez a nossa dificuldade de pensar, com a consciência de que estamos a fazê-lo, fique mais clara se repararmos que, sempre que começamos a estudar, "puxamos" os pensamentos para o palco principal do pensamento... e dispersamo-nos no estudo.

Talvez Meltzer quisesse dizer que, muitas vezes, fugimos de pensar. Pensar a partir das experiências dos outros dói menos, mas é sempre um pensamento falso porque, no fundo, pensamos por fora, e isso não mobiliza uma "digestão emocional". Aprende-se por dentro e, então, isso supõe que decorar não é aprender mas repetir, e, portanto, perante os que decoram sem hesitação e sem crítica, ficará sempre a ideia de que tiram boas notas, mas que são "burros" na vida, porque são incapazes de dar uma utilidade àquilo que era suposto saberem. Sendo assim, saber será "saber-fazer" e, como tenho dito, torna nítido que se a inteligência não servir para nos aproximar das pessoas – e, através dessa aproximação, de nós próprios – se organizará como um equívoco. E supõe, ainda, que sempre que utilizamos o pensamento para não pensarmos (como quando falamos do insucesso dos outros, sem perguntarmos porquê), talvez evitemos falar dos nossos insucessos, e confrontamo-nos com a experiência dolorosa que isso nos traz.

Aprender exige pensar. E pensar traz, inevitavelmente, conflitos, porque é impossível pensar sem ousar conhecer, e não conhecemos "coisas novas" sem que, através de um conhecimento, conheçamos novos pedaços, e outros lugares, dentro de nós. A escola, como os jogos, afinal, permitem que se pense sem que, no acto de pensar, se tenha consciência do que se elabora.

É mais fácil, para uma criança, aprender – por exemplo – que 9 vezes 7 são 63, do que aplicar esse conhecimento à vida, percebendo, por exemplo, que o seu mundo interior tem, também, a ver com o "produto da multiplicação" dos espaços emocionais do pai e da mãe. Mas quando a mãe e o pai não se permitem ser um "multiplicador" para ela, terá mais dificuldades em multiplicá-los por si atingindo, como produto, uma família. Ou seja, também a identidade é um produto (diferente) de dois factores... diferentes. E se é certo que isso não está na consciência de uma criança quando ela aprende a multiplicar, é verdade que se o pai e a mãe não puderem estar igualmente presentes (e juntos) dentro dela, terá dificuldades acrescidas em aprender a multiplicar.

Do mesmo modo, na adolescência, por exemplo, a lírica de Camões ("amor é fogo que arde sem se ver"), ou a poesia de Florbela Espanca ("eu quero amar, amar perdidamente"), serão mais compreensíveis do que a poesia trovadoresca, porque – realmente – nunca aprendemos nada que não nos sirva e com que – mesmo de uma forma mais ou menos inconsciente – não nos identifiquemos. Daí que Os Lusíadas não tenham – na adolescência – o sentido que terá Pessoa, porque – como ele – os adolescentes vivem numa difusão de identidade e, do mesmo modo, fazem a sua ideia de Álvaro de Campos, segundo a qual "não sou nada, nunca serei nada, à parte disso tenho em mim todos os sonhos do mundo". Por outras palavras, a escola serve para aprender sobre a vida sem que a consciência do que se elabora magoe muito.

Huxley acha que "aprendemos que nada é simples e racional, excepto o que nós próprios inventamos". Mas somos, muitas vezes, "complicados e pouco racionais" e, por muitas coisas que saibamos, nunca aprendemos de fora para dentro, mas ao contrário. Isto é, nunca saberemos mais para além da complexidade da nossa ignorância perante a vida, perante os outros (e perante nós), realidade que só a experiência vivida ensina a descobrir e tolerar.

Sendo assim, os pais tornam-se pais na medida em que se deixam crescer, entre os sucessos dos filhos e os seus insucessos de pais, como – do mesmo modo – só assim os professores se tornam professores. A sabedoria não supõe que se saibam muitas coisas mas, simplesmente, que se saiba... aprender. Daí que, como tenho dito, quando alguém nos põe uma dúvida põe-nos em dúvida ou, melhor, dá-nos o benefício da dúvida – não tanto porque espere uma resposta mas porque, ao dar um lugar ao que lhe demos, nos dá um lugar em si (o que traz, quase sempre, inquietações e sobressaltos). É assim que muitos dos nossos gostos talvez tenham a ver com professores que, ao darem-se, nos despertaram para aquilo que, de nós, já conhecíamos (Putnam, refere que "sabemos mais do que somos capazes de exprimir"), e assim nos desvendaram novos mundos em nós. Ao contrário, quando deixamos de gostar da escola nãos gostamos das respostas que ela não dá.

2

Mas de que "são feitos" os pensamentos e para que é que "servem"?

Tenho dito que, partindo da fisiologia cerebral, a máxima cartesiana "penso... logo existo" se transformará em "existo... logo penso".

Pressupus, nesse contexto que, a partir da anatomo-fisiologia cerebral, tudo o que é impulso nervoso será potencialmente um pensamento. Com isso, quis dizer que a actividade nervosa se traduz em pensamentos (onde englobo percepções, emoções e afectos) que, sendo assim, são desde o início da vida (e para sempre...) anteriores à capacidade de os pensarmos [isto é, de elaborarmos um pensamento em definitivo com (e acerca dos) pensamentos].

Na vida, aprende-se mais devagar do que se supõe; e com mais erros. Quanto maior for a exigência do crescimento e mais vastas as solicitações do conhecimento, mais prolongado será o tempo que o pensamento exige ao seu pensador para pensar. No conhecimento, todas as transformações são reversíveis e estendem-se no tempo. As transformações que são súbitas ou para sempre, não são transformações: no pensamento, o imediato ou o imutável equivalem-se à suspensão da vida mental.

Assim, aquilo que distingue uma pessoa dos outros animais não será a presença de pensamentos mas a competência de pensar o pensamento. De início, torna-se nítido que será a mãe a pensar acerca dos pensamentos do bebé, assumindo-se numa função semelhante à que o rim desempenha em relação ao sangue. Sempre que a mãe pode adivinhar o seu bebé ele é curioso. Então, a curiosidade, sendo inata, organiza-se ou inibe-se através da qualidade emocional da relação.

À medida que interioriza a mãe e o pai, um bebé pode passar mais tempo sem eles (porque os tem dentro). Mas talvez tenhamos sempre alguma "insuficiência renal" na transformação dos nossos pensamentos. Isto é, talvez nunca deixemos de solicitar ajuda (aos nossos pais, como a outras pessoas muito importantes para nós) para pensarmos os nossos pensamentos, sem a qual correremos o risco da solidão nos empurrar para experiências onde os pensamentos por pensar intoxiquem o pensamento e nos aproximem da loucura.

Somos quem somos também em função do espaço do corpo. Sentimos sozinhos, temos as nossas próprias experiências de vida, estamos biologicamente "mais ou menos sós". Mas, num plano emocional, se estar só é estarmos mais perto de quem "vive" no nosso mundo mental é, também, aproximarmo-nos mais das nossas fragilidades interiores. Pensar é estar, então, íntima e intensamente, com quem vive dentro de nós, e serve para organizarmos o conhecimento e, com isso, crescermos e sermos felizes; o que supõe que nada do que se passa connosco deixa de passar por dentro de nós. Nem mesmo o conhecimento, por mais anódino que pareça, deixa de tomar todos os conteúdos no nosso mundo interior. Talvez a intimidade se não pense e, por isso, «o essencial seja invisível». Não haverá, então, uma qualidade de intimidade mas experiências de intimidade. Mas, sendo assim, que relação terá a intimidade com o pensamento, e que repercussões terão na ética de uma relação pedagógica?

3

A ética, do ponto de vista da psicologia, supõe que cada relação (mesmo uma relação pedagógica) seja uma relação de troca e de comunicação. Ético, em psicologia, é preservar a intimidade para além da técnica, é deixar que uma relação se organize em função da verdade, sendo certo que a verdade não é um pensamento racionalizável mas um sentimento... simultâneo e relacional.

Ético não é deixarmos de pensar (mesmo em presença do outro) não deixando ele, perante nós, de ser quem é. E, ainda assim, ambos termos espaço para intuir e imaginar o outro, de forma a comunicar com empatia e com verdade. Mas, então, o que pressupõe, num plano ético, uma "atitude psicológica"?... Considerar e sentir a(s) dificuldades(s) – como a dor – do outro e sabê-las "ler" no contexto dessa relação. Só que ninguém é espectador de uma relação e, então, pensar o outro, em psicologia, supõe ter acesso à realidade dele (também) a partir da ressonância que ela tem na nossa. Daí que ético seja crescermos com o outro, não o vivendo num ritmo que não seja aquele que é próprio dessa relação. Já se o usarmos, isso releva que talvez não toleremos os impactos emocionais que ele desperta em nós; ou seja, é também desistirmos de nos pensarmos através dele – o que não é ético, nem saudável. Assim, o silêncio, sempre que sirva para não comunicar, não será ético, porque supõe que o outro não é competente para ouvir. Ético é saber ouvir, os outros, e o que, com o que nos dizem, ouvimos em/de nós.

Sempre que uma relação – "mesmo técnica" – se dissocia do vivido humano que a sustenta, deixa de ser ética, porque quer a distância excessiva – como a proximidade claustrofóbica – não permitem viver a presença, o impacte, e o alcance do outro em nós. Não sendo empática, uma relação não é uma relação, mas um exercício de equilíbrio precário em que os outros são "próteses" emocionais que compensam a consciência – frágil – do próprio.

Talvez ganhe sentido a ideia de Jonas, segundo a qual "o reconhecimento da ignorância torna-se assim no inverso do dever de conhecer e, por esse meio, parte integrante da ética". Sendo assim, talvez o conhecimento não se ensine – embora se possa aprender –, e condensará, sempre, uma relação entre ideias, afectos, pessoas e pensamentos que surgem dessa relação. Não é, portanto, possível aprender sem erros, porque são os erros que iniciam e consolidam o que se aprende com a experiência, matizam de bom-senso o pensamento e organizam a sabedoria. Mas, então, bons alunos não serão os que tiram boas notas mas aqueles que, à parte disso, aprendem a pensar.

Extrapolando para a relação pedagógica, ética não será ensinar mas dar-se espaço e oportunidade para aprender. Sempre que alguém tenta ensinar outra pessoa, abandona uma paridade ética, porque permitir que o outro aprenda connosco supõe que aprendamos uma forma – talvez única, talvez irrepetível – de comunicarmos com ele. Na verdade, o outro aprende connosco o que só a relação com ele nos permite aprender.

4

Por que é que as crianças nos dão, hoje, a ideia de que aprendem menos, quando, em bebés, nos parecem cada vez mais espertas?...

Conta uma história, que me permito recontar, com inevitáveis alterações que, um dia, um menino arguto perguntou ao seu pai se seria realmente verdade que os pais sabiam mais do que os filhos. O pai, confrontado com a sua própria perplexidade, terá dito que sim (como um pai acaba sempre por dizer...). Mas o filho insistiu, e perguntou-lhe se ele estaria recordado do inventor da máquina a vapor, ripostando o pai – heróico, suponho eu – que teria sido James Watt. Ao que o filho terá rematado: «mas se os pais sabem mais do que os filhos, por que é que não foi o pai de James Watt que inventou a máquina a vapor?!...»

A verdade é que o pai de James Watt ter-lhe-á dado, também, argumentos para que ousasse ser curioso e para que inventasse a máquina a vapor. Mas isso supõe que aprender não está relacionado com quem ensina mas com quem deixa que se aprenda (isto é, que se descubra), como com as circunstâncias que se disponibilizam para aprender, e com o que nos evoca, de bom ou de mau, aquilo que aprendemos.

Então, o insucesso escolar dos filhos condensará, também, o insucesso da função parental dos pais, como o dos alunos representará, igualmente, o insucesso da escola e o dos professores. É a relação e as trocas emocionais que ela traz, que organiza o pensamento... e o insucesso escolar. Este será sempre transitório e condensará reacções a movimentos de maturação emocional (mais ou menos intensos); isto é, representa uma criança ou um adolescente dizendo que as "coisas" não vão bem com eles. Quero dizer que, quando tomado isoladamente, o insucesso escolar torna-se no insucesso dos alunos, e torna-os um "bode expiatório" (condensando nele a culpabilidade da família e a da escola), bloqueia quaisquer reparações maturativas e organiza insucessos que se eternizam.

Haverá cada vez mais insucesso escolar porque, cada vez mais, e apesar de todas as vicissitudes, a escola convida – com maior sucesso – a pensar em vez de exigir que se repita (como quando sabíamos todas as linhas férreas portuguesas sem nunca termos andado de comboio). Há cada vez mais insucesso escolar porque as pessoas, lenta e vagarosamente (como em todas as aprendizagens verdadeiras), já se não escondem tanto nessas sabedorias falsas. Sendo assim, poder-se assumir precocemente os insucessos é um sintoma de coragem e, portanto, de saúde mental.

Talvez os alunos com negativas representem mal-entendidos da escola para com eles e, desse modo, proporcionem oportunidades para os professores pensarem a sua relação com eles. Uma negativa nunca é uma nota mas, antes, condensa um sinal. Já uma negativa que se repete constantemente representará um longo processo de oportunidades perdidas. Afirmar-se que um aluno necessita de um ensino especial, reconhecê-lo como sendo de excepção, ou tomá-lo em função das suas negativas, representará formas de confundir a parte com o todo e dissociar alguém da sua totalidade humana, o que representa um risco ético.

É bom ter insucesso escolar. Como diz a raiz etimológica da palavra, sucesso significa "penetrar até ao interior de...". Sendo assim, o insucesso pela vida representa o sucesso de alguém que, entre o supérfluo e o básico, se centra nas experiências essenciais ao crescimento. Aliás, todos nós aprendemos mais – para nunca esquecermos – com os nossos erros (isto é, com os nossos insucessos) do que com muitos sucessos. Então, entre saber a tabuada e compreender porque é que os pais se zangam ou se batem, não haverá hesitações possíveis; entre ter motivação para lutar por um conhecimento – diferente – ou entender por que não se é amado (ou, simplesmente, conhecido), ou perceber por que é que os pais se fecham em silêncio, não brincam, ou exigem sempre resultados impossíveis, as crianças dão importância ao que é importante. Sendo assim, o insucesso escolar é uma manifestação de inteligência (só que a inteligência, às vezes, dói).

Só poderemos empatizar com as dificuldades dos outros quando suportamos estar em contacto com as nossas. Assim, se um professor tem 30 alunos e 4 turmas de manhã, então isso representará ter 120 "novos filhos" por manhã, que, implicitamente, lhe pedem a mesma atenção que todos os filhos pedem aos pais. Serão "filhos a mais" num período angustiadamente efémero de uma manhã para a disponibilidade emocional de um ser humano. Talvez, por isso, possamos dizer – com alguma grosseria – que haverá três grandes tipos de professores:

- Os que sabem tudo, e que vivem a relação com os alunos (e com o conhecimento de si mesmos) de um modo aversivo, porque eles lhes trazem sempre novas dimensões do mundo e das pessoas. Eles sabem tudo porque não toleram as dúvidas que os outros lhe trazem em relação a si próprios;
- Os que não sabem o que hão-de saber, para poderem relacionar-se, com prazer, com os alunos, que vivem a relação com a escola do mesmo modo – frágil – como se vivem na vida;
- Os que sabem que hão-de aprender para sempre porque, sabendo as matérias escolares, se redescobrem de cada vez que falam dela.

Estamos constantemente a aprender que não sabemos nada em relação a muitas coisas que julgávamos saber. "Teoricamente, eu sei tudo" é não saber nem que o se não sabe, e desconhecer o essencial das experiências que se vivem.

Talvez a escola seja como uma família. Tanto assim é que os alunos de quaisquer graus de ensino vivem os professores como vivem os pais. Talvez isso seja mais nítido quando, nos jardins-de--infância, as crianças fazem repetidamente um mesmo lapso, chamando mãe à educadora. Mas, já mais tarde, quando um professor se

Educar para o Invisível 161

engana (como quando um adulto cai) suscita o riso, mais do que a ajuda, como se, com isso, quem faz de crescido desse, involuntariamente, a ideia de que os grandes também se enganam e também caem. Claro que isso tranquiliza quem é pequeno nessa relação, porque a identidade se organiza a partir das identificações, e é mais seguro identificarmo-nos a alguém que se engana do que a quem raramente tem dúvidas.

É impossível aprender à margem das dúvidas. Desorganizador, num plano mental, não serão as incertezas mas tudo aquilo que se julgava saber e que não se pôs em dúvida. Popper diz que «uma grande descoberta está normalmente em contradição com aquilo que os cientistas mais eminentes julgavam saber», e Reever talvez torne esse pensamento mais preciso quando diz que «conhecer as leis não é, como pensava Laplace, saber antever um futuro previsível, mas sim saber como será administrado um futuro prenhe de novidades».

Um professor ensina a aprender e, sendo assim, a escola serve para aprender a pensar. Ele não ensina muito mais do que a ignorância e não aprende senão a dar-se a conhecer. Se for assim, dá espaço para que se aprenda a tolerar as dúvidas e a crescer. A ignorância é um estado que deriva da sabedoria e que faz com que aprender seja, para sempre, aprender a aprender.

5

Todas as relações são de intimidade... se forem relações (e isso pressupõe que se organizam com verdade). Mas, assim, a dimensão ética da relação pedagógica pressupõe que não se pense por alguém mas se pense com ele: não supõe que se induza um pensamento nem, ao contrário, que se fique paratisado no pensamento do outro. Curiosamente, a intimidade quase exige a existência de segredos, como de dois espaços interiores claramente diferenciáveis numa relação, sem os quais ela não se consolidará numa dimensão ética. Então, não há intimidade sem criatividade e sem prazer, sem liberdade e sem felicidade. Ninguém é livre ou feliz sozinho. Já numa relação entre

162 *Educação*

pais e filhos – por exemplo – a intimidade implica que haja curiosidades que não se devem satisfazer para que os filhos aprendam a imaginar... como satisfazê-las (e, assim, aprendam a aprender). Bateson di-lo de um modo curioso falando da seriedade e das ciências: «Sei que brinco com as ideias para as perceber e para as encaixar umas nas outras. É uma brincadeira no mesmo sentido da brincadeira de uma criança com construções de blocos [...]». Será isso que torna uma relação de intimidade eterna... e precária; de laços interiores indestrutíveis... e de incertezas.

Então, do mesmo modo que não é possível permitirmos que aprendam connosco sem que sejamos alunos nessa relação, também não será possível pensar de forma igual duas vezes. Jamais é possível, senão de uma forma falsa, condicionar um pensamento de uma pessoa a não pensar: por muito que se repita, ninguém é igual a ninguém, nem a si próprio; precisamos dos outros para ficarmos mais perto de nós. Então, repetir não é pensar: cada pensamento supõe uma reorganização de tudo o que julgávamos saber até aí e que, inevitavelmente, conhecimento, imaginação e criatividade são indissociáveis.

Não é possível, assim, aprender de forma igual duas vezes. Talvez, por isso, Krishnamurti afirme que «aprender é inteiramente diferente de acumular conhecimentos». Quando se pensa, nunca se repete, nunca se recomeça... do princípio: nada surge do nada – diz-se em King Lear. O pensamento é um longo mosaico em movimento dentro de nós; mas há sempre um princípio (as exigências que vivemos são sempre novas, jamais as revivemos ou as retomamos onde as deixámos). Então, estando a sabedoria associada aos conhecimentos, supõe-se, neste contexto, que ela conviva com as dúvidas: a bondade de um professor associa-se à forma como, em lugar de sossegar, incomoda, em vez de certezas, movimenta dúvidas, porque, só desse modo, não espera que pensem como ele: desafia (a que pensem a partir dele) e convida cada um a procurar a resolução para as suas dúvidas no seu pensamento e na relação que o alimenta.

Pensar por alguém que se pretende (re)encontrar com os seus pensamentos, consigo mesmo, e com as suas relações dentro de si, representará sempre um movimento invasivo da intimidade de uma pessoa. Badroco refere, a este respeito, que se a psicologia «(...) aponta para que o sujeito chegue a ser o que é, o psicoterapeuta deverá tratar de ser para o outro o que o outro necessita para chegar a ser ele mesmo"; semelhante, no essencial, à dinâmica de uma relação pedagógica. Assim, uma pessoa transforma-se sempre que fica mais igual a si própria, no contexto de uma relação empática e atenta. Por ironia, violamos o pensamento sempre que não estamos disponíveis para ouvir como ela é. Neste contexto, talvez um professor (como um psicoterapeuta, a partir do Nasch) valha mais por aquilo que é do que por aquilo que diz e, iniludivelmente, um professor que tenha necessidade de ser "bom professor" talvez jamais dê espaço aos outros para aprenderem a partir de si, porque quem está perdido nos labirintos do seu narcisismo talvez desconheça a realidade para além do que imagina da sua.

Assim, pensarmos com os outros não significa pensarmos por eles. Ajudar alguém a pensar implica dar-lhe espaço para nos pôr em causa, dizer-nos que não, seguir um caminho que, em qualquer altura, será diferente do nosso. Num plano mental, estar de bem com Deus e com o Diabo significará um permanente purgatório. Como tenho referido, bons professores não são aqueles que pensam pelos alunos mas aqueles que lhes dão espaço e oportunidades para pensar. Mas, assim, gostar igualmente de todos os alunos (como gostar de todos os filhos) é gostar deles de maneira diferente. Ético será "entrar" no pensamento deles sem ser intruso, mas sem pensar por eles. Então, talvez não faça sentido falar de ética na relação; em psicologia não haverá ética da relação porque não há relação sem ética.

6

Há uma história chinesa que nos diz:

«É o sopro do dragão que forma as nuvens mas, em princípio, as nuvens não possuem a magia do dragão. No entanto, é subindo às nuvens que o dragão pode viajar através do espaço imenso [...].

As nuvens, são o poder do dragão que as torna mágicas. Quanto à magia do dragão, não é o poder das nuvens que a confere. Mas, se não fossem as nuvens, o dragão não poderia revelar a sua magia. [...] É estranho, mas daquilo de que o dragão depende é precisamente daquilo que cria! [...]» (Sobre o dragão, Han Yu ~764-824~).

Do mesmo modo que as nuvens e o dragão precisam dessa relação para se transformarem aquilo que criam, também o professor precisa do aluno e, sem essa relação, o pensamento em ambos "morreria". Afinal, o interior de cada um de nós não é o espaço da intimidade porque, em verdade, só o interior de uma relação cria a intimidade, e só se existir esse plano ético é que poderemos ser curiosos em relação aos outros (mais do que pôr-lhes questões, pô-los em questão) e, em função do conhecimento que essa relação suscita, imaginar, intuir e pensar.

Educar para o invisível

1

As crianças transformam-se de dentro para fora da família, e o mundo «pula e avança» de dentro da escola para fora dela. Mas só quando a família e a escola se emparelham nos mesmos objectivos, as revoluções acontecem. Infelizmente, quase nunca escola e família esperam o mesmo das crianças e, talvez por isso, as coloquem no meio de birras rezingonas, mais ou menos sem fim. As famílias desejam que as crianças se tornem pessoas sempre melhores. A escola aspira que tenham mais conhecimentos e, sobretudo, que os dominem com precocidade e eficácia. Mas quando passa, simplesmente, pela periferia do coração, o conhecimento pode transformar-se no maior inimigo da sabedoria.

Dominar o conhecimento é tudo aquilo que quem não tolera o invisível mais procura. Ora, a luz (a dos olhos de quem nos põe "aberturas fáceis" no coração, como aquela que, de surpresa, nos coloca planaltos no olhar), não é um jeito de afrontar o escuro, mas a forma (amena) de não o tornar persecutório. Sendo assim, gostava muito que - um dia, num mundo amigo da sabedoria – a escola educasse para o invisível, e desse a entender que nos transcendemos sempre um pouco mais quando, quem nos ensina, só deseja que aprendamos a namorar os motivos que o tenham levado a apaixonar--se por tudo o que aprendeu.

2

Aprender será, sempre, reconhecer. Reconhecer no sentido de reaprender as pequenas diferenças que nunca se tinham vislumbrado em tudo o que sabemos (tornando cada conhecimento mais simples, mais útil e mais humano). E reconhecer como sinónimo de gratidão para com aqueles que tenham percebido que a tarefa preponderante de um educador não é fornecer conhecimentos mas não deixar que se apague o nosso desejo de aprender.

Infelizmente, a escola recebe pessoas com magia e não descansa enquanto não as transforma em crianças normais. Pessoas com magia são, por exemplo, os que "andam nas nuvens", as "cabeças de vento", ou as "línguas de perguntador". Ligam família e escola, imaginação e fantasia, amor ao conhecimento com paixão pelo desconhecido. Já as crianças normais aprendem pela periferia do coração. Dominam os conhecimentos (com que fazem frente ao invisível) e privilegiam os resultados ao caminho que se tenha calcorreado até os conquistar. (É por isso – suponho eu – que os maus alunos tiram, imperativamente, boas notas, e os bons aprendem com os erros.)

Será a escola inclusiva para todos? Não! Como não o é para os que "andam nas nuvens", os "cabeças de vento", ou para as "línguas de perguntador". Nem para os pais. Aliás, a escola nunca devia ser inclusiva. Incluir não é integrar. Incluir é, muitas vezes, amalgamar o que nos distingue numa ideia de pessoas normais. Integrar é acarinhar as diferenças, porque só as escolas plurais são... universidades. E só quando casam aprender e brincar são jardins-de-infância. Na verdade, uma escola amiga da sabedoria será, ao mesmo tempo, universidade e jardim-de-infância.

3

Sempre que, entre duas pessoas, se pressente magia nasce uma escola. Logo que não entendam o invisível fecham-se para a sabedoria. Daí que o insucesso escolar aclare a dificuldade de família e escola aprenderem, sobre o invisível, uma com a outra. Se o insucesso escolar representa o desamparo com que uma criança vê a família não se assumir como provedora da escola, o abandono escolar diz-nos quanto a escola pode ir do desamparo ao descuido. É por isso que acredito que, quando uma criança abandona a escola, já foi, inúmeras vezes, abandonada por ela. Sendo assim, sempre que uma criança a abandona, a escola não será, seguramente, amiga da sabedoria e, por isso (no formato que adopta e nas rotinas que alimenta) devia fechar.

Afinal, logo que todos os alunos puderem ter necessidades educativas especiais, sempre que a magia for amiga da sabedoria, e os professores forem, unicamente, aqueles para quem a luz não é um jeito de afrontar o escuro, todas as escolas serão universidade e jardim-de-infância. E só aí o primeiro dia de escola será, ao mesmo tempo, um regresso a casa.

Capítulo 11

A ESCOLA DO FUTURO

A escola do futuro

1

Num futuro melhor

Um dia, num futuro melhor, as crianças vão governar o mundo.

Não no sentido de nos anularmos e dizermos a tudo o que nos exigem: «sim!». Muito menos, fazendo todas as suas vontades, como tantos professores e psicólogos observam, com consternação, quando reparam naqueles pais que, dominados pela sua culpabilidade ou a reboque do seu medo, se anulam e, porque não são capazes de dizer "não" (supostamente, para «não traumatizarem» as crianças...), as obrigam a instaurar... "ditaduras do proletariado" lá em casa. Os pais que nunca dizem "não" foram, em muitas circunstâncias, sufocados pelo "nãos" arbitrários e ditatoriais dos seus pais. Mas quando nunca dizem "não", não são bons pais; tornam-se "bonzinhos". E esquecem que os pais bonzinhos são os maiores inimigos dos bons pais... porque um pai que nunca diz "não!" jamais diz "sim" aquilo que sente. Por isso, deixa os seus filhos numa interminável atmosfera de abandono, sem nunca saberem quais são as regras que hão-de orientar o seu crescimento.

Quando vos digo que, um dia, num futuro melhor, as crianças vão governar o mundo quero dizer-vos que elas, ao crescerem, nunca ficarão pelos nossos exemplos (quaisquer que eles sejam). Irão para além deles. E mais longe do que nós. Porquê?...

Porque, hoje, as crianças são melhores filhos do que nós fomos (são mais verdadeiras com os seus pais, olhos nos olhos, já que não sofrem tanto com a confusão entre o respeito e o medo que fez com que temêssemos mais os nossos pais do que gostássemos, descontraída e seguramente, deles).

As crianças são, hoje, alunos mais exigentes, mais informados, e mais cooperantes (e levam para a relação com a escola a mesma democracia familiar, mesmo quando há professores que ainda esbracejam e confundam uma relação democrática com o conhecimento e com a admiração – por quem dá o melhor da sua sabedoria – com a anarquia e a indisciplina).

As crianças acreditam no futuro e nas pessoas como nós acreditámos... Talvez elas o façam com menos timidez (e se deixem guiar pela intuição de que melhores pais as tornarão a elas mais pessoas, e que tanta luminosidade dentro delas lhes trará outras pessoas mais luminosas, ainda).

As crianças de hoje hão-de ser melhores pais... porque os pais delas – nós! – somos, inequivocamente, melhores do que os nossos foram, embora eles nos tenham dado tudo o que não tiveram, porque foram – eles também – melhores pais que os nossos avós. É este o maior desafio da educação: crescermos para além dos nossos pais (pela sua mão) que é exactamente o que eles mais desejam que sejamos capazes. Talvez assim percebamos que temos mais qualidades do que, por vezes, nos fazem crer. Assim as utilizemos fazendo as asneiras com que, nós como os nossos filhos, aprendemos. E assim possamos dizer «conto contigo!» às pessoas com quem ousamos crescer. E – é claro – assim assumamos que o pessimismo é a batotice de todos aqueles que, por não lutarem pelas suas convicções – ou pela sua transformação ou pelas pessoas bonitas para quem se modifiquem de dentro para fora – se ficam pela ideia de que são "belas adormecidas" (a quem incomoda a humildade ou a generosidade de quem conta com os outros para crescer). Só os pessimistas se ficam por uma atitude desconfiada diante da bondade, frente à beleza, e em face do sonho. Como se todos as pessoas tivessem de se subjugar diante da voracidade totalitária do seu pessimismo.

O futuro aceita pessoas imperfeitas. Sejam pais desajeitados ou professores «à beira de um ataque de nervos», assim uns e outros cresçam com as imperfeições com que todas as crianças dialogam um dia atrás do outro. Só quem não aceita as imperfeições humanas (começando pelas suas) é que não cresce. Só quem não reconhece a sua necessidade de crescer não aceita o futuro.

Sendo assim... deixem que faça como as crianças e vos pergunte:

«Ainda falta muito para chegarmos... ao futuro?»
Porquê? – perguntarão alguns de vós...

Porque se hoje já crescemos tanto... estamos autorizados a ter ânsia de chegar mais depressa ao futuro.

Valerá a pena? Sem dúvida, sim! Senão, vejamos...

2

Hoje, felizmente, as famílias tradicionais estão à beira da extinção

Hoje, felizmente, os laços familiares e as relações educativas democratizam-se todos os dias. As crianças já tratam os pais por "tu", não lhes beijam a mão (abraçam-nos!), insurgem-se (quando eles protagonizam injustiças, em vez de, mentirosamente, parecerem submissas), e exigem-lhes bons exemplos (muito mais do que bons conselhos). É claro que, quem sabe que os seus exemplos não são recomendáveis, repete – até à exaustão – que as famílias tradicionais estão, perigosamente, em declínio, como se isso fosse o holocausto da Humanidade.

Hoje, felizmente, as famílias tradicionais estão à beira da extinção.

Se famílias tradicionais seriam uma mãe e um pai sempre juntos, então as famílias tradicionais... nunca existiram.

Primeiro, porque os pais juntos por fora não significava que estivessem juntos por dentro.

Em segundo lugar, o pai e a mãe juntos nem sempre quis dizer que ambos dessem tempo aos filhos. Tempo para brincar. Tempo para educar. Tempo para contar histórias ou para passear.

Em terceiro lugar, pais carcomidos pelo trabalho, sem grandes recursos económicos, sem electrodomésticos (!), sem conseguirem garantir um espaço (em casa) para a criançada, ou sem terem meios de lhes darem uma educação básica que esbatesse as assimetrias sociais, por mais juntos que estivessem, não seriam, só por isso, melhores.

Por último, pais juntos significou, em muitas das nossas famílias, uma avó ou uma tia ou uma empregada a fazerem de mãe. Um irmão

174   *Educação*

ou um tio ou um avô a representarem o pai. E nunca o lado idílico que muitos atribuem às famílias tradicionais, à imagem da do Menino Jesus.

Hoje, felizmente, as famílias tradicionais estão à beira da extinção.

Hoje, os pais planeiam, como nunca o fizeram, a maternidade e a paternidade. Dão mais colo num ano aos seus filhos do que os seus pais lhes deram durante toda a infância. Brincam (como nunca terão brincado com eles). E passeiam. E insurgem-se contra os ovos da Kinder e contra os outros que, em espanhol, prometem surpresas que não são surpresa para ninguém. E abraçam. Abraçam e tocam mais as suas crianças numa semana do que, muitos deles, terão sido tocados e abraçados, pelos seus pais, pela vida fora.

Somos, sem dúvida, os melhores exemplos de adultos que, desde sempre, existiram para as crianças. Mesmo que haja por aí pessoas más que, confundindo sexualidade com homícidios em banho-maria, abusem das crianças e queiram, porque eles se divertem com a sua dor, que sejamos levados a ter medo de lhes dizer «gosto de ti», ou que evitemos trocar com elas um sorriso ou passar-lhes a mão pelos caracóis. Mas até nisso o mundo está, felizmente, melhor. Ou será que nos teremos esquecido que, só desde há duas ou três gerações para cá, as crianças deixaram de iniciar precocemente a sua vida sexual? E será que esquecemos que, só desde há muito pouco tempo, foram deixando de estar nos mesmos quartos dos seus pais (deixando de estar expostas à sexualidade deles)? E será que esquecemos que, há muito pouco tempo, é que deixaram de ser abusadas por familiares que, circulando nas famílias alargadas (... tradicionais) as foram magoando, diante da indiferença de toda a gente? E teremos esquecido que há menos tempo, ainda, é que os rapazinhos deixaram de ser iniciados sexualmente pela mão do pai (que, até aí, só servia para impor terror) numa casa de prostituição de uma cidade qualquer?

Hoje, felizmente, as famílias tradicionais estão à beira da extinção.

Somos, hoje, famílias mais nucleares? Tanto melhor. Se mais responsabilidade parental significar melhores pais.

Os amigos dos pais são, hoje, mais família do que alguns tios? Tanto melhor. Se isso demonstrar às crianças que gostarmos de alguém não está preso ao sangue, mas ao tamanho e à luminosidade do coração.

Os avós são, hoje, cada vez menos avós e, cada vez mais, segundos pais? Que privilégio o das crianças! Terem pessoas com colos de profundidades diferentes, exigências (por vezes) tão contraditórias, ternuras tão plurais... como as que sentem entre os avós e os pais!...

Divorciamo-nos mais? Tanto melhor. Se isso representar uma forma dos pais dizerem aos seus filhos, por bons exemplos, que estão obrigados a segui-los na determinação de nunca deixarem de tentar ser felizes.

As famílias que se recompõem são muito alargadas? E depois?... Se um pai que "dorme em serviço" tiver, no presumível padrasto do seu filho, alguém que o acompanha mais no futebol ou nos seus sonhos? Ou se uma mãe tiver numa madrasta insuspeita um olhar de ternura e de bom senso que lhe foi faltando quase todos os dias? Talvez assim esse pai e essa mãe percebam que todas as relações que não se cuidam com carinho morrem. E, rivalizando com outras pessoas que gostem deles, aprendam a lutar melhor pelo amor dos seus filhos.

A escola vai-se tornando num prolongamento da família? Melhor, ainda. Se isso fizer com que os professores de antigamente fiquem à beira da extinção e se, no seu lugar, apareçam (como têm vindo a afirmar-se mais e mais e mais) professores que, em vez de disciplina demonstrem sabedoria, no lugar do enfado mostrem ternura, e em vez de darem lições eduquem, com serenidade, com ternura, com imaginação, com divertimento e com justiça.

3

Um dia, num futuro melhor...

Um dia, num futuro melhor, as crianças vão governar o mundo.

E essas crianças, quando forem crescidas, vão-nos mostrar que é possível respeitar mais a função dos pais, tantas vezes tão maltratados com conselhos de pediatras, de psicólogos, de enfermeiros, de pedopsiquiatras, de educadores, de professores e dos media. Como se a Humanidade não tivesse crescido sem tantos conselhos, e os pais – nossos antepassados – tivessem sido uns incompetentes jurássicos com gestos educativos, invariavelmente, da Idade da Pedra.

E vão perceber que a casa dos pais devia ser, para todos os bebés, o seu berçário e o infantário de eleição, nos primeiros três anos de vida.

E vão acarinhar mais os avós, como alternativas credíveis aos infantários, nem que, para tanto, o Estado, no futuro, os acolha com uma política de apoio à primeira infância onde também caibam subsídios.

E vão formar melhor os professores, dar-lhes menos trabalho, para que se lhes exija mais, e retribui-los com respeito.

Um dia, num futuro melhor, a boa educação que nos ensinou que devemos iludir os nossos sentimentos (sejam quais forem), ou que nos recomendou a ser "socialmente correctos" sempre que deixamos de dizer "não" ou quando iludimos, de forma mentirosa, a nossa zanga, vai, felizmente, morrer de morte natural. E vai dar lugar a crianças ainda mais autênticas, ainda mais educadas, ainda melhores.

Meus queridos amigos: o melhor do mundo não são as crianças. O melhor do mundo hão-de ser as crianças das nossas crianças. Assim tenhamos a humildade de as ajudarmos a crescer... e saibamos acompanhá-las no seu crescimento.

Mas, num mundo melhor, não pode caber um protagonismo absurdo que a justiça tem tido na vida de muitas crianças.

Quer quando um magistrado acha que um pai é um requisito de segunda necessidade no desenvolvimento de uma criança em prejuízo de uma mãe. Ou quando tem de definir, ao minuto, a "recepção" e a "entrega" de uma criança, filha de um casal que se divorciou, diante da incompetência parental dos seus pais que, nem no mais básico, conseguem pôr-se de acordo em relação ao seu filho. Ou quando aceita que um técnico – qualquer que ele seja – sob uma cobarde designação de «carências psico-sociais», recomende que se retire uma criança da sua família de origem, deixando lá outras crianças, que são continuadamente maltratadas, sobretudo se os seus pais tiverem um Ferrari na sua garagem, mesmo que humilhem, publicamente, os seus filhos, diante da conivência silenciosa dos cidadãos, dos técnicos, e dos magistrados.

A Escola do Futuro   177

Num mundo melhor, as crianças só deverão ser retiradas da família para terem, acto contínuo, outra família. E terá de terminar essa barbaridade que é o Estado ser o tutor de 20 000 crianças que, a coberto de medidas de urgência (!) aguardam muitos anos por gestos de carinho e por um colo. E têm de terminar os centros de acolhimento para crianças para darem lugar aos centros de acolhimento para famílias em carência, quando elas reunam alguns recursos que sejam mobilizáveis... e trabalháveis.

Num mundo melhor, há-de – também – terminar o escândalo público que se passa em Portugal com o Estado e as instituições particulares a maltratarem crianças quando as acolhem com a ideia de que lhes basta terem um tecto, uma cama, e duas refeições por dia, e quaisquer 5 minutos de amor telefónico, de dois em dois meses, da sua progenitora, para serem felizes.

Num mundo melhor, as crianças terão direito ao seu bom nome, à sua privacidade e à sua credibilidade. E serão penalizados aqueles que presumam, antes de mais nada, que por trás do testemunho de uma criança negligenciada, abusada ou maltratada, esteja – sempre – uma presumível mentira. E serão tidos como insensatos aqueles que terão, supostamente, afirmado (como, recentemente, sucedeu num congresso em Lisboa) que «sempre que uma criança é violada por uma figura pública a sua auto-estima... melhora». E teremos a obrigação de averiguar acerca dos porquês dessas campanhas e dessas afirmações, sob pena de, cobardemente, aceitarmos, com o nosso silêncio, que continuem a existir crianças maltratadas num mundo melhor.

Num mundo melhor, os deficientes deixarão... felizmente, de existir. E deixaremos de ser piedosos para com eles. E deixaremos de os considerar «diferentes», como se, dessa forma, achássemos que, ao chamá-los assim, respeitaremos mais essas crianças. E passaremos a perceber que, por dentro, as crianças a quem chamamos deficientes são... iguais a nós. Têm lágrimas com cloreto de sódio e choram da mesma forma (mesmo quando choram para dentro). Sofrem como nós (mesmo quando mascaram a mais profunda solidão de indiferença, de negligência, de "burrice", ou do mais depauperado "amor próprio"). Desejam ser felizes mesmo que, (quando se olham num espelho ou sentem o modo como outros as olham) percebam que as pessoas bonitas que desejam jamais (jamais!) serão suas. Só que, ao

178 Educação

contrário de nós (que, tantas vezes, exigimos ter tudo...) as crianças a quem chamamos deficientes gostavam só (!) de ter autonomia para correrem, para rirem, para dizerem «não gosto de ti!» (sem o medo de perderem quem, com amor... mas com dor, lhes dá o melhor de si, como se nunca tivessem o direito de se insurgirem seja contra quem for, começando por quem mais gosta de si). As crianças (ditas) deficientes só desejariam acreditar no Pai Natal. E terem, pela mão dele – ou doutros, que seja – todos os seus sonhos do mundo, mesmo quando Deus, para elas, pareça ter tirado férias.

Num mundo melhor, os pais das crianças ditas diferentes hão-de poder, finalmente, compartilhar a sua decepção pelo bebé dos seus sonhos ser, também, o motivo do seu maior sofrimento. E hão-de poder dizer o quanto, às vezes, se sentem pais profundamente sós, pais que todos elogiam... mas que quase ninguém ajuda. E hão-de poder falar do pavor com que, por vezes, sentem que os seus filhos – ditos, diferentes – serão os presumíveis culpados por eles – pais – terem hipotecado os seus sonhos, a sua relação conjugal, ou a fantasia de virem a ser, seja com quem for, mais felizes. E poderão, finalmente, compartilhar – mais vezes – o quanto se sentem "partidos ao meio" entre uma parte de si que gosta dos seus filhos e, outra, mais secreta, que, no silêncio do seu pensamento, parece desejar (somente, de vez em quando) que nunca tivessem nascido.

Num mundo melhor, os professores e os auxiliares educativos das crianças ditas diferentes hão-se ser o melhor exemplo para todos os professores. E hão-de ser tomados como a prova da humanidade, da bondade, da criatividade e da paixão que dentro de um professor também podem existir.

4

A escola do futuro

Um dia, num futuro melhor, as crianças vão governar o mundo, mesmo tendo crescido em famílias diferentes das tradicionais e em escolas mais abertas e democráticas.

A escola irá perceber que aprender conjuga sempre a curiosidade diante do novo com o medo para com o desconhecido. E será acolhedora para com a ideia de que aprender não é conquistar conhecimentos mas, pelo contrário, compreender que cada conquista se faz com a presença de alguém que, com a sua luz, ilumina a convicção de que só foge do desconhecido quem não tenha ninguém que o ensine a enfrentar.

A escola aceitará que os professores não serão importantes para as crianças... senão como pessoas da sua família alargada, que ganham um lugar no seu coração como tributo por tudo o que deram a ver em escassos 8 ou 10 meses de relação. E os professores que gostam dos miúdos, e que merecem deles o respeito e o calor que lhes dão, serão aqueles que não cumpram milimetricamente "o programa" mas o transformem em livros de histórias, em que o importante não é o moral que escondem mas a verdade e a convicção com que as contamos.

A escola irá tornar-se num prolongamento da família? Melhor, ainda. Se isso fizer com que os pais tenham lugar em todos os momentos da escola, e se isso fizer com que os professores, em vez de disciplina demonstrem sabedoria, no lugar do enfado mostrem ternura, e em vez de darem lições eduquem, com serenidade, com ternura, com imaginação, com divertimento e com justiça.

A casa dos pais passará a ser o infantário que o Estado incentivará até aos três anos? Ainda bem, pois aí será possível fazer com que os educadores, esse grupo notável de professores que ainda confunde brincar e aprender, se dediquem mais aos pais e às famílias, e aos tempos livres, que deviam ser o essencial da educação infantil (em vez de existirem crianças que entram num infantário às 7 da manhã saindo dele ao fim da tarde).

A escola do futuro irá, ao contrário do Ministério da Educação, perceber que brincar não é uma actividade sazonal? Ficamos contentes. Até porque as crianças aprendem mais no recreio porque quem lá lhes ensina "coisas" não explica como se deve fazer: mostra como se faz. Nem lhes dão a entender que errar é humano e acertar invariavelmente é exigível só aos alunos.

O primeiro ciclo da educação será o prolongamento da educação infantil? Que bom! Talvez, então, se perceba melhor que a totalidade das crianças são inteligentes (mesmo que, por vezes, disfarcem bem...). E que se pode (por exemplo) aprender matemática com o português, e que o insucesso escolar cairá logo que haja mais expressão física, educação musical ou educação plástica, nas escolas, e que não é por terem mais trabalhos de casa, mais explicações ou mais "tempos livres" que as crianças passam a amar a escola. Talvez, aí, se reabilite o "bicho-carpinteiro" e morra, de morte natural, a epidemia atípica de hiperactividade, e desapareça esta "onda" de sobredotados que, tantas vezes, fechados na sua arrogância, discutem teoremas ou cinema mas não têm destreza nem para jogar à bola.

5
Conto contigo!

Repito-vos: não, «O melhor do mundo não são as crianças!» O melhor do mundo hão-de ser as crianças das nossas crianças. Sempre que, um dia, num futuro melhor, percebermos que aquilo a que chamamos «o mundo infantil» não é um exclusivo das crianças.

Aquilo a que temos chamado mundo infantil é a qualidade humana a fazer-nos acreditar que o melhor do mundo... é sermos o melhor do mundo para alguém.

O mundo infantil é a qualidade humana a fazer-nos acreditar que seremos os melhores filhos... sempre que tenhamos merecido os melhores pais do mundo. Mesmo que, tenham a idade que tiverem, isso suponha que os nossos pais serão – para sempre – o reservatório da bondade, do bom senso, da audácia e da insolência que nos fará crescer sempre pela sua mão, e nos pouparão a decepções imprevisíveis com que contradizem, em pequenos gestos, todos os bons conselhos que nos deram;

O mundo infantil é a discrição e a elegância que temos que reaprender com as crianças. Quer quando se fazem desentendidas (sempre que nos sentem tensos ou assustados), ou quando, com imponência, nos dão, sem nunca perguntarem porquê, o seu colo, só porque nos sentem tristes;

O mundo infantil dentro de nós, vivo para sempre, é tudo aquilo que nos deve proibir de fazer dos nossos filhos os nossos segundos pais e o nosso primeiro amor...

Talvez, só assim, percebamos que, o melhor do mundo será dizer «conto contigo!» a todos os que, seja qual for a nossa idade, nos dão (de volta...) mais infância. E, por isso, nos tornam mais pessoas, nos transformam em melhores pais e – como dizem os adolescentes – nos ajudam a ser hiper (maxi... ou mega...) educadores.

Porque, recordo-vos: só quem não aceita as imperfeições humanas (começando pelas suas) é que não cresce. Só quem não reconhece a sua necessidade de crescer não aceita o futuro.

Apêndice

CONVERSAS SOBRE EDUCAÇÃO

Conversas sobre educação

(Os excertos que, a seguir, se seguem – e que mantive na sua forma colo-quial de origem – resultaram (dos números 1 a 30) das conversas nas aulas do mestrado de Psicologia Educacional, que orientei com os meus amigos Margarida Alves Martins e José Morgado, no Instituto Superior de Psicologia Aplicada, em Lisboa. Esta experiência, que decorreu durante alguns anos, foi muito, muito gostosa. De início, seria uma livro a três. Mas acabou por nunca se concretizar, no formato que nós imaginámos. Apesar disso, imaginei pudesse ser engraçado compartilhar estes excertos na conclusão desta colectânea.

Dos números 31 a 48 os excertos, em discurso directo, resultaram de uma conversa a Cadernos de Educação de Infância. Achei que, apesar de terem um formato, ligeiramente, diferente, complementavam bem estas conversas.

1

Por trás de cada dificuldade escolar, há uma criança em dificuldades. E há uma explicação que se perderá na sua história (e que permite, de alguma forma, intervir para além daquilo que é a individualidade da criança, a especificidade da escola e das suas relações familiares). Ultrapassar dificuldades emocionais é, também, resolver sofrimentos educacionais.

2

Só aprendemos aquilo que já sabemos. Ou seja: no fundo, a escola permite que, sejam quais forem as matérias escolares, em cada conhecimento concretize-mos indagações acerca de nós e dos outros, através dessas matérias. Talvez só estejamos disponíveis para o conhecimento quando nos sentimos com disponi-bilidade para nos conhecermos a nós e às relações que nos envolvem.

3

A escola é uma forma de, passando pelas aprendizagens da escolaridade, encontrarmos um método para aprender a vida. Todo o conhecimento (mesmo aquele que, aparentemente, seja o mais descritivo que possa parecer) acaba por ser, de alguma forma, autobiográfico. Isto é, tem sempre a ver com pedaços de quem aprende que se repercutem nas situações de aprendizagem, nas pessoas que medeiam as situações de aprendizagem, e, inevitavelmente, nos conteúdos que são transmitidos por elas.

4

É muito difícil que as pessoas se entendam. Não é impossível, mas é difícil. Hoje, de manhã, estive numa reunião com uma equipa de quinze ou vinte pessoas. Quinze ou vinte pessoas a pensarem ao mesmo tempo gera um turbilhão de pensamentos e um ruído tão grande que, de facto, para as pessoas pensarem o óbvio, toda a gente sai de lá com uma dor de cabeça terrível. É muito difícil as pessoas pensarem em conjunto. Sobretudo, porque pensar em conjunto não é pensar de forma igual.

5

Aprender é – sempre! – recriar. Recriar, no sentido literal da criatividade que isso implica, e do recreativo que isso pressupõe. Ou seja, se aprender não for recriar não é aprender: é uma forma de fazermos de conta que somos parecidos uns com os outros sempre que sentimos que as nossas diferenças não são toleráveis.

6

O que é se passa na vida das pessoas para que a curiosidade infantil, o pensamento infantil, que passa por brincar, pela "vista na ponta dos dedos", por tudo aquilo que é o apelo à vida, pareça, de repente, tornar-se tão cinzento? É um pequeno pormenor: (mas) saber e sabedoria são diferentes. A sabedoria faz--se de experiência. O saber, de colagens e com decalques. Talvez a escola, em todos os níveis escolares favoreça muito mais a idealização do que a identifica-ção aos professores. Os professores dão-se muito mais como objectos de adora-ção do que como objectos de identificação. Esperam que os alunos os tentem imitar, e não se permitem perceber que, quando um aluno gosta muito de um professor, nunca pode ser igual a ele: tenta ser melhor. Trazer alguém para den-tro de nós significa – sempre – que essa pessoa venha interagir com tudo o que já temos em nós (o que nos torna, inevitavelmente, diferentes).

7

Os bons alunos não tiram obrigatoriamente boas notas. Às vezes, as más notas representam as manifestações mais sérias de um aluno no sentido de aprender a pensar.

8

Se calhar, muito do nosso ensino está infiltrado de uma certa cultura da Idade Média que achava que o riso inibia a fé (como se as pessoas sisudas fossem, obrigatoriamente, mais sérias). Embora alguns políticos levem isso até às últimas consequências, eu acho que as pessoas sisudas têm a ideia que se saírem do "sério" (... do sisudo) se podem desmanchar, e podem ficar completamente de cabeça perdida. As pessoas sérias são aquelas que não têm que andar a esconder-se por trás de nenhuma máscara. Se calhar, a escola favorece mais o sisudo do que o sério. Por isso, eu achava lindíssimo que as universidades fossem jardins de infância, porque o que se passa, muitas vezes, nas universidades é que são escolas... de crianças doentes. Os professores que são tirânicos em relação aos alunos são aqueles que, em miúdos, não puderam dizer ao pai "quando eu for grande, faço tudo aquilo que quiser!", e, quando se tornam adultos, chegam à conclusão que podem, finalmente, fazer tudo aquilo que quiserem. Ao contrário, se pudermos brincar com aquilo que faz parte de nós, crescemos muito mais.

9

À escala do valor dos adultos – que são, muitas vezes, crianças doentes – tudo aquilo que, aparentemente, tem um tamanho mais pequeno é... menor. Por isso é que o direito das crianças é o direito dos menores como se, às vezes, parecesse um direito menor.

10

Aprender é um movimento recíproco. Dos olhos de uma pessoa para os olhos de outra.

11

Dentro de nós existem pelos menos dois tipos de crianças diferentes: as crianças saudáveis e as crianças doentes (que têm a ver com todas as nossas experiências, mais ou menos traumáticas, que acabam por estar permanentemente a interagir dentro de nós). Eu acho que muitos dos desencontros entre os pais e os filhos têm a ver com o facto de os pais manifestarem as suas crianças doentes, colocando-as ao cuidado dos seus filhos. Quando existe uma birra, eles esperam que os filhos dêem o primeiro passo... fazendo de pais, como se tivessem uma prática infantil, no sentido de esperarem que os filhos sejam muito mais pais deles do que propriamente filhos.

12

As operações que se fazem no pensamento – sejam as operações matemáticas sejam outras quaisquer – fazem-se com todas as experiências adquiridas, que acabam por ser a matéria-prima do próprio conhecimento.

13

Quando uma criança tem dificuldade em juntar as sílabas, é importante que não percamos de vista um aspecto: se uma criança nunca pôde juntar coisas, começando por juntar sentimentos, e, depois, as pessoas da família, irá ter uma dificuldade essencial quando se trata de passar do lúdico do vivido para o lúdico da aprendizagem. Ou seja, logo aí a aprendizagem perde, porque não é sustentada por nada que advenha da experiência dela. Como vos disse na primeira vez em que nos encontrámos, as crianças só aprendem aquilo que já sabem. Ou seja, só são capazes de multiplicar números depois de serem capazes de multiplicar outras experiências na vida delas.

14

Eu acho que qualquer pessoa de bom senso, entre preocupar-se com a escola ou preocupar-se com o essencial da importância ao importante. Será por isso que a distracção significa que qualquer criança precisa de estar com falta de atenção para aquilo que iria ser o essencial da atenção de muitos professores, dando atenção ao mais importante que existe dentro de si.

Conversas sobre Educação

15

Importante é que uma criança tenha nos pais um espaço que a guarde. Um espaço que seja continente para as suas emoções. Outra, é ver neles uma exigência incontida de contenção. Quando as crianças são acolhidas dentro dos pais, vivem as suas realidades interiores de acordo com eles, tentando compatibilizá-las com "a realidade". Quando elas são obrigadas a conter-se, tornam-se, à vista desarmada, impulsivas. A impulsividade é uma reacção saudável das crianças à experiência claustrofóbica dos limites, tal como lhe são colocados. É uma experiência semelhante àquela que, qualquer um de nós tem, quando entra numa loja de cristais, e tem de passar por corredores muito, muito estreitos. O que sucede, nessas alturas, é sermos tomados por uma ideia do género: "e se eu esticasse os braços e partisse algumas peças?".

16

Em Castelo Branco, um amigo meu contou-me uma história deliciosa. Era senhora muito simpática mas muito, muito, gorda, que vivia a uns 10,15 kms da cidade, para onde ia, frequentemente, de comboio. Como tinha muita dificuldades em descer do comboio, quando chegava a Castelo Branco virava-se, com muita dificuldade, de costas, para descer. Mas parava 3 apeadeiros a seguir porque havia sempre um homem simpático que dizia. "a senhora quer uma ajudinha para subir?... Então eu dou-lhe um empurrãozinho...". O que eu quero dizer com isto é que nem sempre os nossos gestos bem intencionados são sentidos assim pelos outros, porque não se adequam aquilo que esperam de nós.

17

As crianças que não sentem que os pais, ou alguém na família, ou algum professor por quem tenham uma ligação especial, apostam nelas, têm muitas probabilidades de ter uma auto-estima frágil, porque a auto-estima precisa de se alimentar com gestos autênticos de confiança (não os comentários de incentivo, mais ou menos falsos de muitos professores, em relação a alguns alunos). Quando, no âmbito destas questões da auto-estima, se diz que uma criança é afectuosa, estará a ser-se um pouco equívoco. Todos os miúdos são afectuosos e é por isso que aqueles que são, continuadamente, expostos a experiências de sofrimento se tornam, saudavelmente, delinquentes (e saudavelmente, não no sentido de fecharmos os olhos mas pelo que isso evidencia de vida interior em insubordinação contra a dor). Mas será que a caracterização de "afectuoso" significa sintónico com os afectos, "ternurento" (que significa um estar que apela colo) ou... "deprimidote" (que são aqueles miúdos que dão a entender que, para eles, tudo está bem)? Como se vê, são nuances diferentes de um mesmo termo...

18

Gostava só de chamar a atenção para as razões que nos levam a nunca adormecermos quando contamos carneiros... para adormecer. Isso acontece porque estamos a olhar demasiado para nós próprios e nunca nos entregamos ao sono. Fazendo o paralelo, qualquer miúdo que esteja muito atento em relação aquilo que pode aparecer no seu comportamento, gera um movimento falso que faz lembrar a revolução cultural na China: porque eu faço a minha autocrítica, fico melhor. Mas, na verdade, ele, (por dentro) pensará assim: ao fazer a minha autocrítica, peço desculpa e humilho-me; e se eu me humilho, é de bom senso que, a seguir à humilhação, tenha como ressaca uma grande revolta e... mais probabilidades de "asneirar" (quanto mais não seja para me vingar daquela humilhação). ...Tudo isto, porque ele não é "burro".

19

As crianças têm tendência a sentir-se burras de duas formas: se os pais, pura e simplesmente, as ignoram ("faça eu o que fizer, eles não dão por mim de qualquer forma"); ou se sentem que os pais estão, permanentemente, insatisfeitos com as suas conquistas (e têm expectativas tão altas que nem "em bicos de pés" uma criança as consegue cumprir). Nesta última situação, é saudável que ela diga para si própria: "ao menos, se tiver negativas, chego à conclusão se gostam de mim porque eu tiro cincos ou se gostam de mim... por mim". Isto é, aquilo a que muitos chamam "burrice", pode ser uma estratégia muito inteligente de resolver as "incógnitas" que as crianças sentem nas equações da relação com os pais, e na aparente distracção de muitos professores acerca das competências delas. Infelizmente, as escolas tardam em distinguir a competência intelectual (que leva a que um aluno tenha boas classificações e, quando cresce, a que se possa tornar professor universitário...), da inteligência (que é a habilidade que serve para dar movimento e utilidade prática aquilo que se sabe). Geralmente, as crianças que ficam atoladas nas encruzilhadas das expectativas dos pais e dos professores, são inteligentes; aquelas que têm bons resultados, independentemente das expectativas... só têm competências intelectuais. Mas voltemos, outra vez, ao paralelo que fizemos com a ejaculação precoce: estas crianças querem tanto, tanto mostrar aos outros que são bons que dizem, para consigo: "vou

Conversas sobre Educação

tentar fazer tudo direitinho porque, em última circunstância, antes de eu sentir alguém contente comigo, tenho que sossegar o medo da minha impotência". É exactamente isso que sucede com esta criança: ele chega lá e "bloqueia", não porque não tenha capacidade intelectual mas porque tem medo de não estar ao nível do que esperam dela.

20

Gostei muito de ouvir a questão que distingue surpreender e espantar. Nunca tinha pensado nisso. Mas, vejamos: até que ponto é que as surpresas são surpresas? Talvez nunca sejam, de todo, surpresas. Simplesmente, acrescentam novas parcelas, que vêm de fora, aquilo que já sabíamos. Enquanto o espanto nos surpreende com novas parcelas que vêm de dentro, bem do meio daquilo do que nós somos capazes.

21

Quanto à impulsividade de que fala, dá-me a ideia que este miúdo foi muito repreendido: muito repreendido na escola, e repreendido "a torto e a direito" na família (a ponto de, quando ele sente alguém chegar-se ao pé dele, reage como um "gato escaldado"). Mas, agora, sugiro-lhe que parta da sua intuição, e que gira a sua presença com alguma cautela (porque é muito natural que, num primeiro momento, ele acolha a sua presença com o medo que o leve a um movimento impulsivo, no sentido de dizer: «vou aqui manter uma distância porque, a seguir, ela vai-me surpreender e, logo depois, abandona-me como todos os outros até aqui, e fico – outra vez – a "chuchar no dedo"»). Qual é o "truque" para lidar com ele: é aproximar-se mas, depois, ter a subtileza de fazer um recuo estratégico para lhe dar algum espaço (não no sentido de ele perceber que o abandona mas de se criar entre vós um ritmo relacional que o leve a chegar-se para o pé de si).

22

Voltemos a esta criança. Olhe, por exemplo, para a questão do espaço... Quando ele vem a correr e lhe diz que fez uma asneira, fá-lo no sentido de garantir espaço junto de si. Convertendo isso numa linguagem clara fica assim: para que conste, quero que saibas que eu fiz "isto"; sei que ficas zangado mas não te chateias comigo para sempre, e continuas a ter espaço para mim dentro de ti". Agora, veja como, no meio universitário, não nos chegamos ao pé das pessoas e, quando os alunos se chegam aos professores, é muito engraçado ver uns e outros como ouriços assustados. Mas, depois, quando os professores põem sobre si as insígnias doutorais, muitos ouriços ficam... pavões. Isto quer dizer que a sua relação com este aluno é uma reacção saudável, encontrando junto de si uma maneira de se vingar do mal que sente noutras circunstâncias, ele cresce. É natural que ele faça, na relação consigo, muita batota. Ele precisa de ganhar muitas vezes para que, depois, possa interiorizar que uma vitória é uma coisa muito efémera... mas boa e saudável.

23

É o lado tirânico de alguma medicina... Um bocado como em "voando sobre um ninho de cucos": para muitas pessoas, ser-se bondoso é ser sossegadinho... O que nós dissemos vai no sentido de manter esta forma de actuação com ele, adequando a linguagem aquilo que ele é, efectivamente, capaz de perceber. Depois, devemos intervir na gestão dos maus comportamentos sendo certo que, quanto mais ele tiver as birras em auto-avaliação, mais tem probabilidades de asneirar. Para trabalhar a auto-estima desta criança, nunca lhe deve mexer. Há um segredo quando se trabalha com pessoas: a primeira coisa que não se faz é tocar num sintoma. Se eu acho que sou um "patinho feio", devemos ignorar isso, e tratá-lo de igual para igual. Se somos condescendentes para com ele – falsos, portanto – uma criança vai sentir-se humilhada e ofendida. Por outro lado, se tiver presente o limite temporal da relação que terá com ele, e se tiver presente, em última circunstância, a via profissionalizante como o futuro dele, isso são factores que, provavelmente, irão parasitar tudo o que está a dar de si. E, note, se for assim, ele vai-se sentir muito defraudado consigo, e a relação dos dois pode resvalar. Se quiser ajudar, se me permite a sugestão, trabalhe este pai. Sabe porquê? Na nossa vida, só nos repartirmos por uma multiplicidade de relações significativas... quando damos escola às relações primordiais que demoram muitos anos a construir-se.

24

Nunca se esqueçam que há dois imperativos na natureza humana que, aparentemente, são contraditórios: se nós nunca nos vincularmos nunca nos conseguimos separar. Isto é, não há autonomia sem vinculação, e vice-versa. Não se esqueça da história da dança porque o grande problema das crianças é que nós queremos impor o nosso ritmo ao ritmo delas... Ora, se fizéssemos como na dança, tudo ficaria mais ou menos assim: "ok! Eu não sei como é que tu danças, mas vou atrás de ti. Tu conduzes, e eu deixo-me ir...". Se reparar, o crescimento das crianças é tanto mais saudável quando nós deixamos de impor o nosso ritmo ao seu, seja ao nível do ritmo da escolaridade como ao ritmo da alimentação... Quando a mãe diz a um bebé: "agora tu vais beber o biberon até ao fim!", impõe o seu ritmo ao do bebé, e o melhor que consegue é conquistar perturbações alimentares...

25

Às vezes, há miúdos que roubam dinheiro aos pais e depois compram rebuçados para os amigos da turma. É aquilo a que nós, muitas vezes, chamamos um furto generoso... Como compreende, só miúdos muito deprimidos tentam comprar, dessa forma, o amor dos colegas.

26

Eu acho que não há pais maus e também acho que não há professores maus. Ou seja, quando – qualquer um de nós – não se adequa àquilo que, no fundo, são as expectativas que colocam em nós, somos maus.

27

Há sempre algumas bruxas más que fazem o favor de nos inibir a nossa capacidade de crescer. Nós estamos acordados mas, no fundo, andamos mais ou menos adormecidos (até que haja relações na nossa vida que nos ajudem a despertar a bela adormecida que cresceu em nós). Infelizmente, há muitos professores que fazem de bruxas más e inúmeros alunos de belas adormecidas.

No Snoopy, há um conjunto de desenhos, muito engraçado, onde Snoopy – deitado em cima da casota dele, contemplativo, ao chegar ao fim de um ano – diz:

«– Mais um ano terminou. Hoje sinto-me parecido com aquilo que era há um ano. E há dois. E há três.

Depois, faz um longo silêncio, levanta-se e diz:

– Às vezes, fico espantado com a minha coerência!»

Isto serve para vos pôr a questão da coerência e da autenticidade... Na maior das vezes, as pessoas reivindicam-se coerentes quando, por vários motivos, não conseguem autênticas.

28

Num plano mental, só há dois tipos de relações: as relações éticas e as relações de poder. Sempre que uma relação não é ética é, inevitavelmente, uma relação de poder. Nas relações conjugais, nas relações entre os pais e os filhos, e nas relações pedagógicas.

29

Não é possível duas pessoas aprenderem a mesma coisa, do mesmo modo, e na mesma medida. Nunca ninguém pensa até às últimas (nem até às penúltimas) consequências. Nem os professores, nem os alunos. O desafio da educação não é acertar nas mesmas soluções mas desbravar os caminhos pelos quais se pode chegar, de jeito diferente, a formas (igualmente) inovadoras de pensar.

30

Inteligência Emocional é um excelente termo de marketing e, a meu ver, acho que veio colocar a inteligência no devido lugar. É fundamental nós separarmos duas coisas que – sendo "didáctico" que se separem – nunca estão separadas. Uma, são as competências cognitivas; outra, é a transformação das competências cognitivas numa leitura revestida e aprofundada de afectos e emoções. No fundo, Inteligência Emocional é um pleonasmo. A Inteligência é sempre, e só, emocional. As competências cognitivas, destituídas do invólucro emocional, são muito mais uma defesa que as pessoas utilizam no sentido de exprimir um conjunto de manifestações que, muitas vezes, não estão suficientemente elaboradas. Portanto, nessas circunstâncias, as competências cognitivas só são formas de pessoas muito frágeis – às vezes, muito inseguras – fugirem para diante, de se esconderem, de se protegerem dum conjunto de manifestações afectivas que, de outro modo, não conseguem manifestar. Para mim, inteligência é sempre ler por dentro (*intus legere*) e ler nas entrelinhas (*inter legere*). Nessas circunstâncias, inteligência é sempre, e só, este registo emocional que permite não só ser capaz de dissertar sobre as coisas mas descobrir formas simples de as tornar fundamentais para o nosso crescimento. Aquilo que eu chamo sempre a atenção é que, muitas vezes, pessoas com competências cognitivas muito consistentes ou, aparentemente, muito sedutoras até, raramente as utilizam para se aproximarem dos outros. Então, as competências cognitivas, quando não nos aproximam dos outros, não são inteligência.

31

Nunca existem emoções sem relação. Quando se toca em alguém ou quando tem um registo de aversão, (sendo ambos, aparentemente, gestos mais ou menos automáticos, mais ou menos impulsivos), na verdade atitudes pensadas são, porque este sistema nervoso fantástico que nós temos, 24 sobre 24 horas a trabalhar, grava permanentemente tudo o que vivemos e pensa por nós. Mesmo quando não queremos pensar, o sistema nervoso pensa por nós. Os outros são, no fundo, quem nos mobiliza todas estas manifestações; portanto, nunca existem emoções sem relação. Mesmo que não seja uma relação directa e 'ao vivo'. As pessoas são quem desbloqueia as emoções, e as emoções são, no fundo, os condimentos que ajudam a aprofundar os conhecimentos. Mas o que eu acho que é muito importante chamar a atenção, nos tempos que correm, embora isso vá contra a corrente, é que ninguém pensa sozinho.

32

Do meu ponto de vista, não há inteligência emocional sem inteligência social. O que eu acho que é bom que fique claro, é que aquela ideia que os meninos com muito sucesso são aqueles que tiram sempre cincos é mentira. Os meninos com sucesso na vida são aqueles que aproveitam as negativas que têm. Podem não tirar boas notas, mas sabem jogar à bola e namorar. Aqueles miúdos que tiram cincos e não sabem jogar à bola, são débeis adestrados: têm uma inteligência que inibe o emocional e o social.

33

Eu chamo sempre a atenção para a forma como a Escola também estraga as crianças. Repare que as crianças chegam ao Jardim de Infância tal como elas são: com a vista na ponta dos dedos, e a quererem desmontar as coisas para perceberem como elas funcionam. E, depois, há sempre uns psicólogos infelizes que inventam uma idade de perguntar 'porquê', como se houvesse uma altura a partir da qual perguntar 'porquê' fosse assim uma espécie de produto fora de prazo. Ora, se repararem, a escola confunde, sistematicamente, educar com domesticar. E as crianças, quando entram no ensino básico, começam a ser domesticadas, domesticadas, domesticadas, domesticadas, e parecem inibir tudo quanto são as competências saudáveis que lhes permitem aprender. Por tudo isso, eu acho que a Escola valoriza aqueles que dizem sempre que sim e que parecem «macacos de imitação», que repetem o que os professores dizem, e o reproduzem para seu

196 *Educação*

gozo. Ora, em termos estritamente biológicos, a memória é sempre recriação; nunca, jamais, em tempo algum, é repetição. A memória nunca é uma memória fotográfica, a não ser que seja uma memória traumática. Quando nós vamos recordar um episódio, temos a noção que, em termos biológicos, quem conta um conto, acrescenta-se sempre, num ponto. Tal como muitas vezes o ensino está organizado, a criatividade torna-se um absurdo, porque está permanentemente a cortar a capacidade de pensar sobre as coisas, e acaba por ter a ideia de que os jovens tecnocratas de sucesso – que agora até já começam a ser os tecnocratas de fraldas – são aqueles meninos muito bem comportados, que estão muito quietos na escola que têm imensos tempos lectivos fora da escola, e que, ao chegar a casa, ainda têm de fazer os deveres. Eles estão tão domesticados, tão domestica-dos, que se tornam a antítese da paixão.

34

Eu acho muito engraçadas as composições escritas. Porque, para mim, são o paradigma de quanto este sistema é estranho. Se reparar, as composições escri-tas são relatórios de actividades, em que as crianças não devem utilizar "e depois" muitas vezes. Geralmente, os miúdos o que é que fazem? Esquecem-se da composição escrita até à véspera de voltarem às aulas, e os pais ficam num sufoco tal que são eles que lhas ditam, ao deitar... Mas é compreensível. As composições nunca deviam ser escritas pelos miúdos. Porque faltam-lhes pala-vras. Os miúdos intuem, primeiro e, só depois, é que são capazes de dar a forma adequada aos seus pensamentos. Com todos nós, aliás, é assim. Só depois é que são capazes de lhe dar a forma adequada. Eles têm uma intuição fantástica, mas – evidentemente – não têm as palavras para acompanhar... para formatar, aquela intuição. Tem de ser alguém a ajudá-los a imaginar. Têm de ser os professores a fazer as composições em função do seu imaginário, como se estivessem a pôr legendas na imaginação dos miúdos. Às crianças sobram ideias e falta pontua-ção. As composições escritas são o paradigma de quanto a Escola, no fundo, os reprime. E quando os reprime, há um termóstato que acende e que é, inevitavel-mente, o Português ou a Matemática. Eu costumo dizer que enquanto as escolas, em todos os graus de ensino, não forem Jardins de Infância, não estimulam o ensino mas domesticam pessoas.

35

As disciplinas são, no fundo, fronteiras mais ou menos arbitrárias no nosso pensamento. Isto é (vou dar um exemplo para que isto possa ficar mais claro, até para mim): as crianças só aprendem na escola aquilo que já aprenderam antes de entrarem na escola. Portanto, quando elas aprendem a multiplicar aprendem a fazer, em abstracto, uma operação mental que já aprenderam a fazer todos os dias. Já aprenderam que o Pai é seguramente diferente da Mãe, mas que haverá um mínimo denominador comum entre eles os dois. E, antes de aprenderem o mínimo denominador comum, em termos abstractos, já o perceberam na vida de todos os dias. E quem diz isto, aprende a multiplicar porque se o Pai e a Mãe forem de facto uma família, aprenderam a multiplicar antes da saberem a multiplicação, etc. No meu ponto de vista, o papel do professor é o de dar esta dimensão, (instrumental) ao conhecimento, transformando o saber em sabedoria, passando destas noções que têm a ver connosco para as noções abstractas. Porque você nunca pode aprender nada que não tenha a ver consigo. Agora, o engenho de um professor é o de transformar um saber abstracto num saber que possa de facto ter algo a ver com a vida dos miúdos, independentemente do grau de ensino ou da idade que eles tenham.

36

Que sentido tem, aos adolescentes, dar a Poesia Trovadoresca? Eles percebem muito mais a Lírica Camoniana, porque se identificam com ela. De repente, eles vão a essas imagens e revêem-se nelas. Aliás, todo o conhecimento é isso mesmo: quando nós nos projectamos em alguém, e nos identificamos nos outros, ou em algumas coisas, aprendemos a conhecer outros pedaços de nós. Ninguém permite aos miúdos fazerem este movimento de projecção. Aquele conhecimento não tem propriamente a ver com eles. E, depois, há um pormenor: muitas vezes os professores são o exemplo acabado de que o conhecimento não é uma coisa apetecível, não é lúdica, não dá prazer, não diverte. Portanto, nessas circunstâncias, falha aquilo que é essencial. É evidente que se me disser assim: "há técnicas"... Há, claro! Mas, acima de tudo, se um professor não tiver uma convicção muito grande naquilo em que está a tocar, os miúdos nunca vão aprender. Os miúdos gostam de Português, ou de Geografia, ou de Matemática, ou de História, não é pelo Português ou pela Geografia, ou pela Matemática ou pela História, é porque "aquele" professor lhe dá a entender que vale a pena aprender....

37

Falta prazer à Escola. O prazer de estudar fica ligado à imagem do professor. É inevitável. Veja como um professor entra na vida de uma criança, por vezes, apenas num ao lectivo. O ano lectivo, feitas as contas, são nove meses. E há professores que ficam a fazer parte da família, com um lugar no mundo interior da criança. Alguém que entre assim, fulgurante, na vida de uma criança, é a garantia de que é educativo não por aquilo que ensinou mas pela referência que representa. É mais uma pessoa na família. Portanto, os professores podem ser fantásticos nesta dimensão: abrem horizontes, abrem janelas. Se, de facto, a escola não tiver esta dimensão lúdica, não é escola. Daí que sejam muito mais simpáticos os recreios e o caminho para a escola, do que as aulas.

38

Esta noção de Escola vem, ainda, da época medieval. Nessa altura, achava-se que o riso impedia a fé. E, portanto, nessas circunstâncias, todas as pessoas que brincassem com o conhecimento seriam pessoas pouco sérias. Ora, as pessoas sérias, são, ao contrário, aquelas que brincam com o conhecimento. Que são capazes de saber tantas coisas que conseguem transformar o conhecimento num jogo, aparentemente, simples. Que transformam a complicação de algumas noções em coisas básicas. Então, nessas circunstâncias, o ensino será tanto mais básico quanto reverter para a dimensão básica da natureza humana. A natureza humana não existe às fatias. Nós não repartimos a racionalidade, deixando as emoções de parte. Isso pensava-se a partir de Descartes como, se no fundo, a razão tivesse de dominar um lado animal em nós. Quando nós vimos a biologia humana é exactamente o contrário: nós não precisamos de domesticar o pensamento para ele ter uma dimensão ética. Se queremos devolver a educação ao básico, devíamos começar por aqui. Toda a racionalidade que não transporte as dimensões éticas que fazem parte da natureza humana não é racionalidade. É uma forma de nós nos encapsularmos numa ideia verdadeiramente absurda da natureza humana.

39

Eu penso que, às vezes, os pais são crianças crescidas e, em certas ocasiões, doentes, o que vem complicar um pouco tudo isto. Muitas vezes, têm a ideia de que as crianças devem olhar para aquilo que eles dizem e não para aquilo que eles fazem. E as crianças são muito sensatas. Os pais retiram muito pouco prazer do trabalho. A segunda-feira é um dia tormentoso para a maioria das pessoas. Ficam de mau humor, cinzentas. Com humor de segunda-feira. E as crianças não percebem muito bem como isso os faz crescer. Se crescer é aprender a ficar cinzento, então não vale a pena crescer. Sempre que ficam cinzentos, os pais estão doentes sem darem por isso. Nessas circunstâncias, é natural que eles tenham esta relação invejosa com o brincar, porque é como se dissessem: "Aproveita enquanto é tempo porque senão...". Para muitos pais: crescer é deixar de brincar. E quando é assim significa que as pessoas estão doentes. A maioria dos adultos anda doente.

40

A vida pode ser um longo fim-de-semana. Pode. E por isso é que eu acho graça, quando se chega ao 12º ano, que haja esta noção de que tem de se escolher uma profissão que garanta o emprego e que seja rentável. É o mesmo raciocínio que está presente numa relação amorosa quando se casa com alguém rico: como no spot da água tónica, para depois se aprender a gostar. Ora, se você se apaixonar por alguma coisa, de certeza que depois vai tirar rentabilidade dela, como é inevitável. Esta ideia de que nós temos de ter relações instrumentais faz parte dos tempos que correm. É a tecnocracia para tudo.

41

A melhor maneira de conhecermos alguém é olhando para os filhos dessa pessoa. Fica cristalino... Se os educadores, como pais, forem autênticos na maneira como se dão aos filhos, e não estiverem com os filhos como quem está a desempenhar um exercício lúdico recomendável e bacteriologicamente puro, então, como pais, serão excelentes. Bons pais são também aqueles que perdem a cabeça, que têm ataques de raiva, ataques de parvoíce-aguda, como toda a gente saudável. E são aqueles que, depois, são capazes de pedir desculpa, e de consertar os estragos.

42

Se você falar para um bebé e se contar até dez, o bebé responde sempre, sempre. Mas o que você vê é mais ou menos isto, o Pai, ou a Mãe diz "Então bebé..." e quando o bebé vai para responder, com um gesto, com um sorriso, já a

Mãe ou o Pai estão a dizer assim: "Então bebé, não dizes nada?!". Os pais devem aprender a contar até dez. Porque se aprenderem a escutar vai ser diferente. Se um Educador aprender a tocar nos pais, explicando como os miúdos funcionam, vai ter um papel importante, fantástico, no desenvolvimento em crescimento da família. Aquilo que eu vejo é que, quando os pais são ensinados a ler, ficam deslumbrados porque percebem o quanto são importantes para os miúdos. O exemplo mais ternurento é quando os filhos dizem para um Pai ou para uma Mãe: "Eu vou-me embora de casa". Eu penso que é uma coisa de que os pais deviam ficar orgulhosos, porque só uma criança muita segura da Mãe e do Pai que têm, pode dizer assim: "Eu estou tão à-vontade, tão à-vontade, que até te digo estas enormidades, porque sei que no fundo tu continuas a gostar de mim." Muitas vezes os pais não reagem assim. Reagem como crianças assustadas: "Ah, é?... – Então sai e não voltes!". Bom, o facto é que quando um miúdo diz isto aos pais é um gesto de ternura. Se os pais reagem desta maneira, completamente ao lado, uma criança pensa assim: "Caramba, eu não posso ameaçar uma vez que eles abrem-me logo a porta da rua. Provavelmente, eu não sou tão importante para eles assim". Se a mãe, por exemplo, lhe diz: "até podes sair! Mas vou atrás de ti até ao fim do mundo!", as crianças retorquem: "Está bem!... Sendo assim, fico mais dois dias…"

43

Eu gostava de ver se aquelas crianças que tiram sempre cinco, cinco, cinco... a namorarem. Gostava de ver se elas continuam a tirar sempre cinco na vida... E já agora, gostava de saber se elas morrem. Se elas não podem nunca tirar uma negativa, gostava de saber como é que aprendem a lidar com os insucessos. Sendo certo, que no fundo, a gente aprende mais com os insucessos não é? Mas, de facto, o exemplo mais caricato disso é esta ideia, tão em voga, das crianças sobredotadas, que eu acho verdadeiramente escandaloso. Eu tenho desafiado sempre as pessoas a mostrarem onde é que essas crianças estão aos 30 anos. Gostava de saber o que é que fizeram de genial, aos trinta anos. Muitas vezes, as crianças fogem para um conjunto de conhecimentos para se protegerem de muitas coisas que estão profundamente frágeis dentro delas. Já reparou?

44

Somos muito melhores pais do que os nossos pais foram para nós. Acho que, aliás, somos os melhores pais que a Humanidade conheceu até hoje. Aquela ideia de que havia uma relação de admiração com o Pai ou com a Mãe é mentira. Muitas vezes, era uma relação de medo. Mas a Humanidade cresceu imenso no século XX. Dos anos 70 para cá, por exemplo, viu a transformação radical do papel do Pai. Você não via nenhum Pai a ir ao pediatra. Era raro ver-se o Pai a passear o filho ao fim-de-semana...

Mas, mesmo assim, o papel do Pai na educação das crianças ainda não está definitivamente enraizado. A carga emocional negativa da educação ainda é sempre das mães. Mesmo nas investigações actuais, a mãe ainda é central, nos livros...Sabe porquê? Porque muitos livros foram escritos por pais. Estes pais, quando escreveram esses livros, foram muito generosos para com as mães: deram-lhes toda a importância e toda a culpa! Já ouviu falar da mãe esquizofrenizante, ou das mães das crianças asmáticas?... Noutro dia, perguntaram-me o que era o instinto maternal, e eu não sei. Porque, se reparar, se fosse instinto, manifestava-se, invariavelmente, da mesma forma. E a maneira como tem instinto maternal num primeiro e num segundo filho é diferente, vai-se afinando. Se você disser assim: existe um instinto maternal e um instinto paternal? Isto é: será que os pais também têm lágrimas com cloreto de sódio, também têm colo, também são capazes de ser bondosos? São! Por isso é que eu costumo dizer que a primeira função do ser humano é ser Mãe, independentemente do sexo. É ter um colo, ser capaz de o dar, de tocar, de mexer. Isso é um sexto sentido, com que todos nós vimos equipados. É assim uma espécie de equipamento de série. Agora, muitas vezes, diz-se por aí que o sexto sentido é um equipamento de série nas mulheres, mas um equipamento de opção nos homens...

45

Eu acho que houve uma mudança muito grande no século XX. A mudança mais significativa foi a redução da morte perinatal. A verdade é que os bebés começaram a morrer muito menos e, portanto, ao morrerem muito menos, os pais começaram a ter menos necessidade de ter muitos filhos, para sobreviverem só alguns. O que libertou o papel da mulher, introduziu a necessidade de contraceptivos e fez um movimento que eu acho bonito, que foi o de devolver a mulher à sociedade e trazer o Pai para a família.

46

Falta-nos perceber que somos iguaizinhos às crianças. Porque no dia em que nos pusermos em igualdade, e deixar de haver um direito de menores e um direito de crescidos, no dia em que, de facto, nós pudermos perceber, que por muito que usemos fato e gravata, que saibamos falar de formas complicadas e tudo o mais, por dentro temos um pensamento, rigorosamente, idêntico ao das crianças... no dia em que pudermos perceber que somos crianças... eu acho que tudo fica diferente. E passaremos a dar muito mais importância às crianças no crescimento dos pais.

47

Não sei se alguma vez se pode educar prevenindo, porque educar é um pouco a antítese da prevenção. Educar permite-lhe perceber de que você nunca precisa de estar prevenido para nada, sendo certo de que há-de descobrir alguém com quem descubra a solução.

ÍNDICE

Prefácio 7

Preâmbulo 11

Capítulo 1
    Terra do sempre 13

Capítulo 2
    Uma interminável escola 27

Capítulo 3
    Todas as escolas são jardins de infância 39

Capítulo 4
    Os números & as letras 55

Capítulo 5
    O melhor da escola 65

Capítulo 6
    Fugir da escola 79

Capítulo 7
    A autoridade 89

Capítulo 8
    A ignorância e a estupidez 113

Capítulo 9
    Aprender com João dos Santos 123

Capítulo 10
    Educar para o invisível 141

Capítulo 11
    A escola do futuro 169

Apêndice 1
    Conversas sobre a educação 183